「共感」からはじめる発達障害のある子どもの支援

教室における行動－情緒の問題を解決する6つのステップ

植木田 潤 著

中央法規

はじめに

　本書は、発達障害のある子どもたちの示す二次的障害を、子どもたちの発する何らかの救難信号としてとらえ、その行動－情緒の問題の背景にある子どもたちの想いや願いを理解し、支援しようと奮闘しておられる教職員、保護者、支援関係者等のみなさまのお役に立てればと思って書いたものです。

　激しい暴言や暴力に直面すると、どうしてもそうした不適切な言動をなくすことに注力してしまいがちです。しかし、それらの言動は置かれた環境や状況に対する子どもたちなりの適応行動なのであって、表現型が不適切になってしまっているだけなのです。自分を理解してもらいたい、周囲の人たちとうまくやっていきたい、日々を楽しく快適に過ごしたいという想いや願いは、当然ながら障害の有無に関わらず共通したものです。出発点は同じはずなのに、なぜ表現型が不適切になってしまうのか、その歪みのプロセスを理解し、具体的な支援へとつなげるための6つのステップを本書で提案しています。

　6つのステップを辿っていくために、本書では10の事例を取り上げました。事例は全て仮想のものですが、筆者が25年以上にわたり継続してきた教育相談やカウンセリング等の仕事のなかで出会ってきた多くの子どもたちやご家族、教職員等の方々から学ばせていただいたエッセンスを組み合わせたものなので、きっと「こういうこと、あるある！」と共感いただけるものだと思います。読者のみなさまには、事例を読み進めていただきながら、今まさに目の前で支援を必要としている「○○くん」や「△△さん」が「こんな気持ちを抱いているのかもしれないなぁ」とか「こんなふうに困っているのかもしれないなぁ」という共感からはじまり、学校や家庭等での具体的な支援へとつなげていただく機会になれば、筆者には望外の喜びです。

　なお、本書で取り上げた事例は、公益社団法人発達協会から発行されている「月刊発達教育」にて、2021年度に連載された「行動の問題と不適応への支援 ─ 二次的障害を理解する視点」の内容を基にしています。本書での使用についてご快諾いただいたことに心より感謝を申し上げます。

　　　　　　　　　　　　　　　　　　　　　　　　　　　　　　　植木田 潤

目次

第**1**章

行動－情緒の問題を解決するための視点

第1節では、調査結果や筆者の教育現場での経験から支援ニーズの高まりをとらえます。第2節では、行動－情緒の問題が起こるプロセスや、問題理解に役立つ心理学の知見等を解説します。第3節では、行動－情緒の問題を抱える子どもが必要とする支援について考えます。第4節では、発達障害と合わせて考慮すべき愛着形成の問題について解説します。第5節では、第4節までの視点を踏まえて、実際の支援を行う際に必要な6つのステップを提案します。

1 発達障害の支援ニーズの高まり

近年の調査結果から見る課題

🌸 教職員の意識の高まり

　2022（令和4）年に文部科学省が全国の公立の小・中・高等学校を対象として実施した「通常の学級に在籍する特別な教育的支援を必要とする児童生徒に関する調査」にて、小・中学校で「知的発達に遅れはないものの学習面又は行動面で著しい困難を示す」児童生徒の割合が8.8％程度であることが示されました。40人学級に置き換えて考えてみると、少なくとも3～4人程度が該当することを示しています。ここでいう「知的発達に遅れはないものの学習面又は行動面で著しい困難を示す」に該当する児童生徒は、「発達障害の可能性のある児童生徒」と考えられています。

　この調査は10年ごとに実施されており、初めて行われた2002（平成14）年の調査結果では6.3％、前回2012（平成24）年の調査では6.5％という結果が示されていました。一見すると、この20年で発達障害の可能性のある児童生徒の数が増えているようにも見えますが、この調査における「学習面や行動面で困難がある」という判断は、医師による診断に基づいたものではなく、教職員が指導するなかで困難を感じている結果であるということに注目する必要があります。疫学上、ある特定の障害をもった人の割合が突然増えることは考えにくく、これらの数値の変化は、むしろ学校現場の教職員の発達障害に対する意識の高まりを反映しているとも考えられます。それほど、近年の学校現場では、発達障害の特性を示す子どもの学習上、そして学校生活上での指導や支援が大きな課題となっているのです。なお、本書では小学校就学前の幼児から小・中・高校生までを「子ども」と表記することにします。

🌸 3つの困難

　小・中学校の児童生徒の調査結果をさらに具体的に見ていくと、表1-1のような結果が示されています。

　これらの結果から、大きく3つの困難に対する指導や支援が求められていることが分かります。1つ目の「学習面で著しい困難を示す」状態とは、学習障害（LD）

の可能性が想定されています。2つ目の「「不注意」又は「多動性−衝動性」の問題を著しく示す」状態とは、注意欠如・多動性障害（ADHD）の可能性、3つ目の「「対人関係やこだわり等」の問題を著しく示す」状態とは、自閉症スペクトラム障害（ASD）の可能性が想定されています。ここまで「発達障害」と大まかに表現してきましたが、学校教育における発達障害とは、つまり、LD、ADHD、ASD の特性を示す状態のことを指していることが分かります。医療や福祉の領域では、これら3つに知的障害を含めて「発達障害」と表現していますが、学校教育では「知的障害」を含めず、3つの状態像を発達障害ととらえています。

　ちなみに、知的障害については、特殊教育の時代から教育制度や指導法等の支援体制は整備されています。学校現場では、新しい課題となる、発達障害に対する支援体制の構築や拡充が求められているのです。

表 1−1　　小・中学校の通常学級において困難を示す児童生徒の割合

学習面で著しい困難を示す	6.5%（40 人学級に 2〜3 人程度）
行動面で著しい困難を示す	4.7%（40 人学級に 1〜2 人程度）
「不注意」又は「多動性−衝動性」の問題を著しく示す	4.0%（40 人学級に 1〜2 人程度）
「対人関係やこだわり等」の問題を著しく示す	1.7%（40 人学級に 1 人程度）
学習面と行動面ともに著しい困難を示す	2.3%（40 人学級に 1 人程度）

出典：文部科学省「通常の学級に在籍する特別な教育的支援を必要とする児童生徒に関する調査結果」2022 年をもとに作成。

発達障害の支援の難しさ

　学校現場においては、発達障害のある子どもを巡って教職員間の理解や意識のズレが生じてしまい、支援体制の基盤となる教職員の意識・情報の共有が不十分であることが課題となっています。背景には、第一に「発達障害という障害がある」ことが認識されるようになって、日が浅いということがあります。

　日本の学校教育においては、2001（平成 13）年の「21 世紀の特殊教育の在り方について（最終報告）」で本格的に「学習障害、注意欠陥／多動性障害（ADHD）児、

高機能自閉等への教育的対応」（第3章　1－2）が取り上げられたことを皮切りに、2004（平成16）年の文部科学省による「小・中学校におけるLD（学習障害）、ADHD（注意欠陥／多動性障害）、高機能自閉症の児童生徒への教育支援体制の整備のためのガイドライン（試案）」等を踏まえて、特殊教育から特別支援教育への移行に伴い、発達障害に関する理解啓発が学校現場でも進んでいきました。そう考えると、この20年ほどで発達障害という障害や概念が急速に普及してきたといえるでしょう。そのため、「発達障害」という言葉は知っていても、障害の実際や具体的内容については曖昧な知識しかない教職員もいまだ多いのが現実です。

　それに加えて、理解や意識のズレが生ずる背景にある第二の要因には、発達障害の特徴も関係していると考えられます。例えば、発達障害は視覚障害や聴覚障害等のほかの障害種と比べて、一見して分かる障害ではなく、また特性の現れ方にも幅があり、どこからどこまでが障害か分かりにくいという特徴があります。同じ障害名（診断名）でも一人ひとりの状態像は多様であり、実際に教職員として指導や支援を行った子どもへの方法論が、そのままほかの発達障害のある子どもに応用できるかというと、必ずしもそうではないことも多いのです。

　さらに、場面や文脈によって特性の現れ方が極端に変わる場合もあります。例えば、得意な教科や好きな活動には人一倍積極的に取り組む子どもが、苦手な教科や好きではない活動にはまったく取り組まなかったり、教室を抜け出したりすることも学校現場ではよく見られることです。中学校のように教科ごとに担任が変わると、教職員によって一人の生徒の印象が180度異なるというようなことも起こり得ます。

　そのため、多くの学校現場において、ある教職員は発達障害の可能性がありそうだととらえた子どもも、ほかの教職員には育ちや性格の問題であるととらえられてしまい、校内の支援が行き届かなかったり、個々の対応がチグハグなものとなってしまったりすることもしばしば起こります。このように、支援が不十分な状況が長期にわたってしまうと、やがて二次的障害（および並存障害）へと発展する可能性があることも、発達障害の留意すべき特徴であるといえます。特に、発達障害の子どもの暴言や暴力に代表される激しい行動上の問題や、不登校や集団不適応の背景にある発達障害の二次的障害に対して、学校としてどのように対応していけばよいのかが明確になっておらず、大きな課題となっています。

巡回相談や教育相談を通じて見えてくる二次的障害の実態

　筆者は、自治体（主に教育委員会）に設けられた支援システムの1つである巡回相談の仕事にも携わっています。巡回相談とは学校現場を支援する仕組みの1つで、教育委員会等が主に小・中学校からの要請に基づいて専門家を学校へ派遣し、授業観察や教職員への相談支援を行います。

　最近の巡回相談で出会う学校等での「よくある困りごと」には、以下のようなものがあげられます。

① 順番やルールが守れない

② 指示や説明が伝わらない

③ マイルールやこだわりが強くて、周りのペースやルールに合わせられない

④ 負けることや譲ることが大嫌い

⑤ 思い通りにならないとパニックになる／気持ちの切り替えが難しい

⑥ 言葉よりも先に手や足が出てしまう

⑦ 勝手に教室等を抜け出してしまう

⑧ 友だちと遊べない／一人で過ごしていることが多い

⑨ 行事などで大きな部屋に集まるとパニックになる

⑩ 乱暴な言葉で他児を傷つけてしまう

⑪ 自分の非を認めず他人のせいにする／「ごめんなさい」が言えない

⑫ 親となかなか離れられない／いつも大人にしがみついている

　このような「よくある困りごと」の原因には、一次的なもの（発達障害の特性）と二次的なもの（発達障害と環境等の相互作用が起こす問題）がありますが、この2つの間に明確な線引きをすることは難しいのが実情です。

　例えば、⑥、⑩、⑪のような暴言や暴力、罪悪感や内省力の欠如の問題等は、認知処理の特異性（学んだり活動したりする際の情報処理の仕方の特徴）を踏まえた支援をしても改善しづらく、子ども同士でも大人との関係においても、対人関係は破壊的な性質を帯びてしまうことがあります。こうしたいわゆる二次的障害の背景には共通する特徴も存在しているようです。それは、集団生活の前提となる、乳幼児期から続

く二者関係で形成されるレベルの情緒的な安定や基本的な他者への安心感・安全感、信頼感に欠けているということです。発達障害の特性に対する適切な支援がなされないと、この他者との関係性の歪みが愛着や人格形成に重大な影響を及ぼし、二次的障害へとつながる「歪みの連鎖」が生ずることになります。

② 行動−情緒の問題を理解するための視点

二次的障害は情緒面の苦しみを表す

　齋藤（2009）は、二次的障害には極端な反抗や暴力、家出、反社会的犯罪行為などの行動上の問題として他者に向けて表現する「外在化障害」と、不安、気分の落ち込み、強迫症状、対人恐怖、引きこもりなどの情緒的な問題として自己の内的な苦痛を生ずる「内在化障害」の2つがあることを指摘しています。外在化障害は反抗挑戦性障害や行為障害のように発展していく可能性があり、内在化障害は気分障害や社会不安障害、強迫性障害などの精神疾患に発展していく可能性があります。

　齋藤の指摘で最も重要だと思われるのは、目に見える外在化障害を示している子どもには、それと同時に目には見えない内在化障害が生じているという指摘です。特に学校現場や家庭においては、どうしても外に現れる問題行動に目を奪われてしまいがちですが、おそらくそれは、本人にとって自分ではどうすることもできない情緒面での苦しみを表現しているのではないかととらえてみることが、支援の起点として不可欠だといえます。

二次的障害は「歪み」の連鎖で起こる

　図1-1は、一次的障害から二次的障害への連鎖を表しています。本来的な発達障害の特性（一次的障害）、特に「認知処理（情報処理）の特異性」に対する適切な支援がなされないままでいると、それは「信念体系（記憶体系）の歪み」へと発展していき、暴言や暴力などの目に見える形で表現される「行動様式（表現型）の歪み」が生じます。このような行動様式の歪みが、学校現場等では主に二次的障害としてとらえられやすい傾向にあります。

認知処理（情報処理）の特異性

　発達障害のある子どもの学びにくさや生きにくさの背景には、認知処理（情報処理）の特異性があります。詳しくは第2章で説明しますが、「聴いて理解する力」と「見て理解する力」のギャップが大きく現れるため、同じ場面で見聞きした情報を周

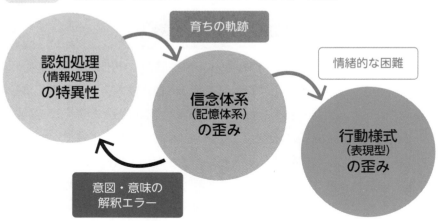

図1-1　認知処理−信念体系−行動様式の「歪み」の連鎖

育ちの軌跡

認知処理
（情報処理）
の特異性

情緒的な困難

信念体系
（記憶体系）
の歪み

行動様式
（表現型）
の歪み

意図・意味の
解釈エラー

囲の子どもたちとは異なるとらえ方をしたり、周囲の子どもたちと同じ方法・同じ
ペースで学び生活することに困難が生じたりします。

 信念体系（記憶体系）の歪み

　信念体系を少し噛み砕いていえば、主に自分や他者にかかわるとらえ方や考え方の
テンプレートといってもよいかもしれません。個々人が無意識のうちに抱いている
「人間観」や「人生観」などとも重なるところがありそうです。

　発達心理学の領域で用いられる専門的な理論体系として、一連の「愛着（アタッチ
メント）」研究がありますが、信念体系はその文脈のなかで用いられる「内的作業モ
デル（Internal Working Model）」とほぼ同様のものであり、また、同じく臨床心
理学の専門的な理論体系である「精神分析」のなかで用いられる「対象関係（Object
Relation）」とも重なる部分が多いものであると筆者は考えています。

　いずれについても、普段は意識されることなく、対人関係場面においては常に非意
識下にあって、自分や他者の言動を翻訳し意味づけている辞書的な役割を果たしてい
るものだととらえるとイメージしやすいかもしれません。

　信念体系は、育ちの軌跡、つまり実際の経験の蓄積を通して形成されます。実際の
経験とは、具体的なエピソードのことです。具体的なエピソードには、写真や動画な

どでとらえても直接には映り込まない空気感—温度やにおいなども含んだその場の
ムード（雰囲気）、さらには身体感覚をも含み込んでおり、それらと密接に絡み合っ
た情緒的な経験が伴っています。エピソードの一つひとつに快−不快、もっと細かく
分ければ、うれしいとか腹が立つとか哀しいとか楽しいなどの感情・情緒が対応し、
同時に身体が熱くなったりこわばったりした身体感覚の体験も伴っています。

　この点がいわゆる「辞書」とは異なっていて、確かに信念体系は言語的に積み重ね
られ、たどっていくことも可能なものとなっていきますが、必然的に、そこには身
体・感覚的に記憶されていて、とっさに言語では表現しがたい「情緒的な記憶」も
伴っているものなのです。失敗体験や対人関係におけるネガティブなエピソードが多
ければ多いほど、信念体系が歪み、見聞きした経験がよりネガティブに意味づけされ
やすくなります。

　例えば、筆者は巡回相談のなかで授業を参観するとき、できる限り子どもに圧迫感
や不安を与えないように、笑顔で参観しています。多くの子どもは初対面の筆者の笑
顔に対して笑顔を返してくれたり、授業中なので声を出さずにペコリと頭を下げてあ
いさつしてくれたりします。ところが、二次的障害が生じている子どもになると、筆
者をにらみつけたり、「なに笑ってるんだ！」というようないら立ちや敵意を見せて
きたりします。

　おそらく、こちらは好意的に「ニコニコ」と「見守っている」つもりなのですが、
二次的障害が生じている子どもには「ニヤニヤ」とあざ笑い「見張っている」ように
とらえられているのだと思います。言葉遊びのようですが、ほんの少しの違いで意味
や意図がまったく別のものとして体験されてしまいます。特に、実際にバカにされた
りあざ笑われたりしてきた経験が多い子どもほど、このような「意図・意味の解釈エ
ラー」が生じやすくなるようです。

 ## 行動様式（表現型）の歪み

　認知処理の特異性と信念体系の歪みとの連鎖によって生ずる苦痛や苦悩を、適切に
言語化して訴えることができないため、行動レベルで自己表現の形が示されます。暴
言や暴力のような目に見える形で他者に対して激しく表現されるものもあれば、やる
気のなさ、自信や活気のなさ、自傷行為など深刻ながら見過ごされやすい形で表現さ

れるものもあります。

　一般的に他者には受けいれがたい表現型であるため、行動そのものを止めさせることが支援の目的にされがちですが、行動の背景にある歪みをとらえ、適切に支援していくことが重要です。

情緒的な困難をとらえ、歪みの連鎖を断ち切る

　このように、目に見える表面上の行動様式の歪みの背景には、少なくとも二段階の困難が隠れています。行動上の問題をなくすためには、この目に見えない部分に対する支援やケアが非常に重要であるということを強調しておきたいと思います。「目に見えない部分」は「認知処理の特異性」と「信念体系の歪み」を指しますが、この2つの困難が連鎖し、行動様式の歪みが生ずるのは「情緒的な困難」が原因です。

　生来的な器質としてある認知処理の特異性によって、見聞きした経験や理解を他者と共感したり共有したりすることが困難になり、「分からない－分かってもらえない」不安や苦痛を抱き続けることになります。この状況が改善されずに継続していくと、「どうせ人間なんて…」「人生なんて…」といった人間観や人生観、つまり信念体系の歪みを生み出すことになります。この情緒的な困難に媒介された歪みの連鎖が、行動様式の歪みへと結実することを考えると、子どもたちが抱える情緒的な困難を適切にとらえ、歪みの連鎖を断ち切る支援こそが求められています。

　厳しくて怖い保護者や先生の前では、一時的に行動様式の歪みが示されない場合も多くあります。そうなると、保護者参観などでは普段の暴言や暴力が現れなかったり、厳しい先生から優しい先生に代わった途端に暴言や暴力が噴き出したりするため、なかなか保護者や同僚の理解を得られず、むしろ「それは担任の指導力の問題でしょ？」と非難されてしまうことが多々あります。確かに恐怖や力で暴言や暴力等を抑え込むことは可能ですが、それは一時的な対処方法でしかなく、子ども自身の内面の歪みや苦痛は何も解決していない場合も多いのです。むしろ、力関係が逆転すると、それまで自分が重ねてきた経験を「恐怖や力で他者を言いなりにしてよいのだ」という誤った信念として取り込んでしまい、より激しい暴言や暴力に発展して手をつけられない状態になる危険性があります。

　そうした危険性に鑑みると、二次的障害に対する支援の最終的な目標は、行動様式

　の歪みをなくすことではなく、認知処理の特異性から生ずる学びにくさや生きにくさを減らすことと同時に、信念体系の歪みを少しでも小さくしていくことによって、行動様式の歪みを減らしていくことだといえます。

　本書においては、発達障害の二次的障害としてとらえられる「行動様式の歪み」は、その背景にある「信念体系の歪み」や、それを形成する情緒的な記憶−体験と密接に関連しているものであることを踏まえて、これを「行動−情緒の問題」と表すことにします。

特性の理解だけでなく「人間理解」が必要

　筆者は、行動−情緒の問題が教職員にとっては「問題行動」であったとしても、発達障害のある子どもにとっては、それは今おかれた状況や環境のなかで「何かがうまくいっていない」ことを表すサインであり、特に言葉で表現しがたい情緒、不安や恐怖、苦悩や苦痛が目に見える形で現れ出たものだと考えています。そのように考えると、行動−情緒の問題を支援するには、まずその言動の意味を知るために、背景にある情緒的な体験をとらえ、咀嚼し、理解することが不可欠な過程です。ここでいう「理解」には、知識として頭で理解することだけでなく、情緒的に理解すること、つ

まり共感が必然的に伴う人間理解も含まれています。

　例えば、「酔っ払いを理解する」という状況では、お酒に酔っている人を見て、「あぁ、あの人は血中のアルコール濃度が 0.10％程度にまで上昇したために大脳新皮質の活動が抑制されているから、普段言わないような言葉を口にしているんだな。運動機能を司る小脳も影響を受けて千鳥足になっているんだな」などと分析する人はほとんどいないと思います。むしろ、「最近、あの人は仕事で失敗が続き、そのうえ、家庭でも何かトラブルがあったようだ。お酒でも飲んで憂さを晴らしたくもなるだろう」といった情緒レベルでの理解、つまり共感に基づいた人間理解を直観的に行っているはずです。

　発達障害のある子どもが示している行動－情緒の問題を理解するときにも同様で、「あの子どもは ADHD だから、すぐにカッとなって暴言を吐いたり暴力をふるったりするんだな」といった分析は、確かに ADHD の特性は理解しているのかもしれませんが、「あの子ども」のことを本当にとらえているとは言い難いでしょう。なぜその文脈で「あの子ども」は暴言を吐いたり暴力をふるったりすることになるのかに想いを巡らせてみること、つまり、もって生まれた器質や認知処理の特異性と、これまでにその子どもが経験してきた養育環境や対人関係などが複雑に積み重ねられ、掛け合わされ、一人ひとり固有の「信念体系」が形成された結果であることが理解され納得されると、そこには必然的に共感が生まれてきます。

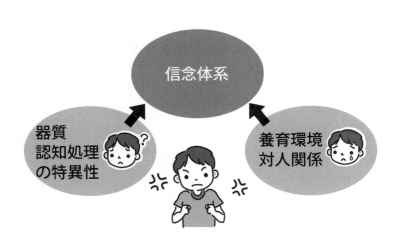

発達障害のある子どもへの指導や支援においては、どうしても発達障害の「特性」の理解に重きがおかれます。しかし、行動−情緒の問題の支援について考える際には、発達障害のある「人」そのものを理解することが不可欠だと筆者は考えています。ただ、人間は十人十色、千差万別であるため、発達障害の特性をとらえることのように簡単ではありません。

障害理解と人間理解に役立つ理論 —ポジション概念と投影

そこで筆者は、巡回相談や教育相談、カウンセリングの仕事のなかで行動−情緒の問題の支援に取り組む際、自身が臨床心理士・公認心理師として学んできた、人間理解の理論や治療技法の基盤である精神分析学に基づいたアプローチを行っています。当然のことながら、発達障害そのものは脳器質の問題であり、心理療法等で治すことはできませんが、行動−情緒の問題の核にある「信念体系」の歪みのありようをとらえ、共感的に理解し、変容に向けてアプローチしていくことに対しては有効な面があります。

特に精神分析学に限ったことではありませんが、臨床心理学の領域では、病的な心理状態や適応困難な状態に陥っている人に治療や支援のアプローチを行うための理論や技法等が体系化されています。また、健やかな発達・適応に向けて、発達心理学などの近接領域の知見を取りいれて発達障害のある子どもの人間理解を行い、支援アプローチにつなげるノウハウが豊富にあります。学校現場で行う支援は必ずしも心理療法そのものではありませんが、障害理解と人間理解の両面において役立つ理論や技法もたくさんあります。

そのなかでも筆者は、精神分析学の発展に大きな功績を残したメラニー・クラインの「ポジション概念」（1985）が、二次的障害を呈する子どもの心情や行動−情緒の問題の理解に役立つと考えています。クラインは人間の心のありようを2つのポジションに大別しました。1つは妄想−分裂ポジション（Paranoid-Schizoid Position：P-S Position）、もう1つは抑うつポジション（Depressive Position）です（図1-2）。人間の心的発達は、乳幼児最早期の妄想−分裂ポジションから始まり、やがて抑うつポジションへと移行していくという考え方です。

図1-2　妄想−分裂ポジションと抑うつポジション

妄想−分裂ポジション

快　　　　　　不快

自分（他者）　　他者（自分）

分裂

僕は何も悪くない！全部相手が悪いんだ！

他者の「快−良いモノ」を自分のものとし、自分の「不快−悪いモノ」は他者に押しつける（排除）
→他者を巻き込んで自分の安定を保つことになる（八つ当たり、責任転嫁できる相手が必要）
「悪役」を作り出すことで安定

抑うつポジション

自分　　　　　他者

僕にも悪いところはあったな

自分にも他者にも、快−良い面と不快−悪い面があると受けいれる
→自分（個）のなかで安定を作り出せる
「悪役」がいなくても安定

妄想−分裂ポジション

　心のありようが原始的で未成熟な状態である妄想−分裂ポジションの特徴は、「快−良いモノ」と「不快−悪いモノ」とが明確に分けられていて、良いモノは全力で守り、悪いモノは徹底的に攻撃−排除する「0か100か」「白か黒か」「敵か味方か」の二極化した世界で成り立っているという点です。そのため、経験される全てのコトやヒトは良いモノか悪いモノかのいずれかに分けられることになります（精神分析学用語で「分裂（split）」）。

　ただし、このポジションでは自−他の区別（境界線）が確立していないため、快を与えてくれる他者は自分の一部として体験され、また反対に、自分のなかにあるはずの苦痛や不快（例えば、空腹感など）は悪いモノ（他者）から押しつけられたもので、その苦痛や不快は本来的に悪いモノの一部として体験されています。良いモノは全て自分のもの（me）であり、悪いモノは全て自分のものではない（not me）という感覚です。

　また、心的状態が原始的で未成熟なので、良いモノであっても不安定で移ろいやすく、失ったり損なわれたりしないよう必死に守り抜く必要があります。快なモノや良いモノが常に損なわれたり奪われたりする脅威にさらされているように体験されるので、強度の被害−迫害感や警戒感が存在します。そのために、不快なモノや悪いモノに対する攻撃は容赦がありませんし、自分を守るための攻撃なので罪悪感も生じません。

投影

　妄想−分裂ポジションでは、自分の心のなかに生ずる不快なモノや悪いモノも徹底的に排除されることになります。たとえ暴言や暴力で他者を傷つけたとしても、「先に相手がにらんできた」「みんなが自分をいじめている」というような被害感情が先に立ってしまい、他者を傷つけてしまった後ろめたさや罪悪感といった心の痛みや重荷を、自分のなかに抱えておくことができません。そのような痛みが自分のなかから生じているものとは体験されずに、他者から押しつけられた痛みとして体験されてしまい、内省や反省にはつながりにくい状態に陥っています。

　こうした自分のなかにある痛みや苦悩に耐えきれず、外へ排除してしまう心のはたらきを、精神分析学では「投影（projection）」と呼んでいます。専門用語である「投影」という言葉は知らなくても、われわれは日常的にそうした無意識の心のはたらきによって情緒の安定を保っています。

　投影が生じているとき、当事者にはそれは真実であるとしか感じられず、自分一人でとらえ方を修正することはなかなか難しいものです。自分のなかにある悪いモノや醜い感情、弱い自分、つまり「ありのままの自分」を受けいれることができると、妄想−分裂ポジションから脱して「他者のありのままの姿」をもとらえることができるようになります。

抑うつポジション

　このように投影が活発にはたらく妄想−分裂ポジションの心的発達段階から、やがて、不安定で移ろいやすい「快なモノ−良いモノ」を守り通すことができ、また、自

分の心のなかに快なモノ−良いモノが蓄積されて簡単には損なわれない状態になると、少しの不快なモノ−悪いモノであれば耐えられるようになっていきます。つまり、一定量の不快や悪いモノを溜めておくことができるようになるわけです。これが適応的で成熟した状態である抑うつポジションということになります。

　心的状態がこの段階に発達することで、どのような人間にも良い面と悪い面があり、またどのようなできごとにも良い面と悪い面があるものだ、という現実的でバランスの取れた体験への向き合い方ができるようになります。例えば、何かの拍子に誰かを傷つけてしまった際にも、「悪いことをしてしまったなぁ」という罪悪感を自分のなかに抱えておくことができるようになり、落ち込み（Depression）を体験できるようになります。自分の罪を認め反省できるということは、実は心がその痛みに耐えられるくらい高次に成長発達しているということなのです。

　ところで、この2つのポジションは、例えば、一度伸びた背丈が縮むことがないといった身体的な成長発達の過程とは違って、一度抑うつポジションの状態になればもう妄想−分裂ポジションに戻ることはないかというと、そうではありません。大雑把にいえば、恐怖や強い不安の増減がスイッチとなって、絶えずこの2つのポジションを行き来するようになります。発達障害のある子どもでなくとも、私たちはみな、強い不安にさらされれば心的状態は妄想−分裂ポジションに陥ってしまいます。

　例えば、テレビ番組のスポーツの試合などで、勝つのか負けるのか分からない状況におかれたまま、ハラハラドキドキしながら見守っていると、非常に疲れます。時には試合展開に気持ちがかき乱されることに耐えられず、チャンネルを変えたりテレビを消してしまったりすることもあるかもしれません。曖昧さに耐えるためには、心が成熟して強くなっている必要があるのです。

🌸 行動−情緒の問題への援用

　少し精神分析理論に関する話が長くなってしまいましたが、行動−情緒の問題に陥っている子どもの情緒的な困難を理解しようとするとき、ここまで述べた「ポジション概念」や「投影」という心的状態や心を安定させるためのメカニズムを援用することができます。

　他者に向けられる暴言や暴力は、誰かを傷つけたいという気持ちの現ればかりでは

なく、残り少ない自己肯定感を守るための必死の反撃なのかもしれません。好きな教科や活動にしか取り組まないのは、分からないことやできないことで生ずる悔しさや哀しさ、イライラを自分のなかに抱えておけないからかもしれません。集団生活のルールを守らないことを指摘されているのに、すぐに「いじめられた」と被害的にとらえて訴えるのは、失言や失敗に伴う恥ずかしさやいたたまれなさに耐えきれず、それがさらし者にされた恨みに置き換わってしまったためかもしれません。

　このように、ここまで紹介してきた精神分析的な理解の方法を援用してみると、行動−情緒の問題に対するさまざまな理解が可能となります。

3 行動－情緒の問題を支援するための視点

安心・安全を感じられる支援

　「歪みの連鎖」やポジション概念を踏まえて行動－情緒の問題を理解したうえで、支援する際に重要なキーワードが安心感・安全感です。二次的障害として行動－情緒の問題を示す発達障害のある子どもの心的状態は、妄想－分裂ポジションに占められていることがほとんどです。そのため、行動－情緒の問題の支援を行うためには、どのように、どれだけ家庭や学校のなかで安心・安全を感じられる時間・空間を創り出すことができるかという視点が不可欠です。

　こうした視点に鑑みれば、目や耳に入ってくる刺激が過剰で、不快や不安を喚起しやすい教室内で頑張らせ続けるだけでなく、学校内の空き教室や通級指導教室などにクールダウン・スペースを設けるといった現実的な対応を考えることができます。あるいは、特別支援学級等のより小規模な集団で指導・支援することによって、不快や不安を少なくし、比較的落ち着いた気持ちで、学校生活における快な体験を積み重ねていくことが、妄想－分裂ポジションから抑うつポジションへの移行を促すキーポイントになるかもしれません。学校現場では、経験則的にクールダウン・スペースや安心・安全が重要であることが認識されていますが、ここまで述べてきた臨床心理学的な知見や理論によっても裏づけられることが分かります。

　ただし、不快なく落ち着いて過ごせる時間や空間さえあれば、行動－情緒の問題を示している子どもが安心・安全を感じられるのかというと、それだけでは足りないようです。

自分で自分の情緒を抱え整える力

　将来的な自立や社会参加を見据えると、安心感・安全感が与えられることを待つばかりでなく、主体的に支援を求めて、自分にとって安心・安全な環境や状況を創り出せるようになることが支援のゴールになると考えられます。ただ、その第一歩としては、やはり安心感・安全感を与えられることが必要です。

　そして、この安心・安全という状態がどのような感覚なのかを心身両面にわたって体感できるようになると、恐怖や強い不安を感じた際にも自分で自分の情緒を抱えて

いる（耐える）こと、そうした情緒を自分で整える（コントロールする）ことが可能となっていきます。

発達の基盤に果たす役割

　筆者は臨床実践のなかで、発達の基盤となる要素を①基礎的な体力や健やかな身体（身体・健康の安定）、②情緒を抱え整える力（情緒面の発達）、③学び、考える力（認知面の発達）、④意思・意欲を発揮する力（意思・意欲の発達）の「4つの力」に大別して、それぞれがどの程度育っているのかという観点から、対象となる子どもの状態像をとらえるよう試みています（図1-3）。

　なかでも②情緒を抱え整える力（情緒面の発達）は、ほかの3つの基盤を下支えする役割もあり、最も重要な発達基盤だといえます。例えば、緊張や不安によって実力を出し切れずに、試合や試験などで悔しい思いをした経験が、誰しも一度や二度はあると思います。情緒面の発達が安定した基盤になっていないと、身体面、認知面、意思・意欲面の発達基盤もグラグラと揺れてしまい、本来のパフォーマンスを発揮で

図1-3　発達の4つの基盤

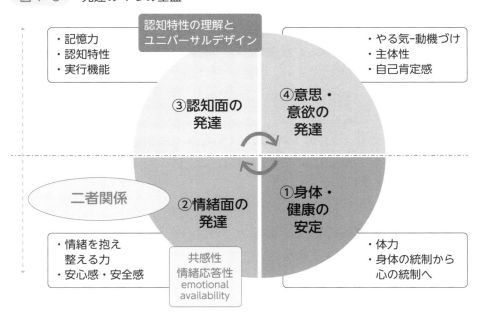

きない可能性があるのです。発達途上の子どもであれば、身体－運動能力、認知－知的能力、意思・意欲－自律的能力が根づいていかない可能性もあります。

このように、行動－情緒の問題の支援という視点だけでなく、人間の発達においても、「自分で自分の情緒を抱え整える力」が身についていることは極めて重要です。

自分で自分の情緒を抱え整える力の育ち

本来は、自分で自分をなだめたり慰めたりしながら自分の情緒を抱え整える力は、乳幼児期からの二者関係（親子関係）のなかで育まれていきますが、行動－情緒の問題を示す子どもの多くは、この「自分で自分の情緒を抱え整える」力が必要十分には育っていないことが問題となります。では、この力は一体どのように育まれるのでしょうか。具体的なエピソードを通して考えてみましょう。

> 数年前、筆者は仕事の都合で新幹線に乗りました。ちょうど連休の始まりで、車内はかなりの混み具合でした。通路を挟んで反対の窓側に、1歳前後の赤ちゃんを連れたお母さんが座っていました。筆者が乗り込んだときにはすでにいたので、おそらく1つ手前の駅から1時間以上は乗っていたのでしょう。赤ちゃんはすっかり飽きてしまったのか、顔を赤くして力いっぱいに泣き声をあげて、身をのけぞらし、ぐずっていました。混雑した車内に響きわたる泣き声にお母さんも困り顔で、一生懸命になだめています。抱き方を変えたり、膝の上に立たせたり、絵本を取り出したり、哺乳瓶で水分補給をしたり、お菓子を差し出したり…あらゆる方法で泣きやませようとします。そうしたお母さんの努力は一時は報われるのですが、1、2分もすると、またぐずり出します。
>
> 筆者が見守っていたのはほんの1時間ほどでしたが、お母さんが必死になって、赤ちゃんの不快や不満に共感的に応答する姿を数え切れないほど見聞きしました。

私たちは誰でも赤ちゃんの頃に、不快や不満を誰かに抱え整えてもらう経験を重ねています。これが前提にあることで、人は自分で自分の情緒を抱え整えることができるようになるのです。3歳から4歳くらいになると、転んだ痛みに耐えつつも、自分で自分の頭を撫でながら「泣かない、泣かない」と自分に言い聞かせ、そばに大人がいなくても不快な気持ちや心身の痛みをやり過ごすことができるようになります。

　先の赤ちゃんのエピソードのように、「情緒に応える」誰か（多くの場合は親）の共感と応答によって情緒が抱え整えられる一連の過程は、「情緒応答性（emotional availability）」と呼ばれます（Emde, 2003）。これは「情緒利用可能性」とも訳されていて、つまり、「共感し応答してくれる誰かを利用して、自分の情緒を抱え整える」という過程になります。また本書で「抱え整える」と表現している過程は、精神分析学の文脈では「contained ／ container（中身と容器）」（Bion, 1999）とほぼ同義のものです。

共感的で応答的な「誰か」の存在

　ここでお気づきかと思いますが、情緒を抱え整えるためには、乳幼児期からの「誰か」の存在が必要不可欠です。自分の頭を撫でて慰める例でも示しましたが、心のなかに利用できる誰かが根づいていれば、その人が実際にかたわらに存在しなくても、やがて自分で自分の不快や苦痛な情緒を抱え整えられるようになるということです。

　行動−情緒の問題の支援においても、同様の過程を経て、心のなかに共感的で応答的に自分を支えてくれる誰か＝教職員を根づかせることができれば、不快や苦痛に直面してもなんとか自分の情緒を抱え整えて、妄想−分裂ポジションから抑うつポジションへとスイッチを切り替え、安心感・安全感を抱くことができ、落ち着いて学習や学校生活を送ることができるようになる可能性が高くなるのです。

もちろん、最終的な目標は、実際に誰かがそばにいなくても、自分で自分の情緒を抱え整えられるようになることですが、その前段階として、まずは安心・安全な時間と空間、寄り添う誰かが必要なのです。学校現場でこのような役割を果たしているのは、通常学級における特別支援教育支援員や別室指導による個別対応、「通級による指導」等であることが想定されます。

　ただし、1つだけ誤解が生じないように補足しておきたいのは、筆者は発達障害のある子どもの保護者が共感的でなかったり応答的でなかったりするために、子どもの情緒を抱え整える力が育っていないのだと主張するつもりはないということです。

　発達障害のある子どもは、乳幼児期から養育の難しさがあります。例えば、感覚過敏の問題があると、乳児をあやす母親の声や、不安と不満を抱きとめる「抱っこ」の皮膚感覚が、必ずしも乳児の安心にはつながりません。つまり、保護者がいかに共感的で応答的であっても、乳児の側にそれを受け取る器質や体質が備わっていない場合があるのです。そのため、乳幼児期の子育て支援は二次的障害の予防という観点から見ても、非常に重要になります。

4 発達障害と愛着形成

発達障害のある子どもの養育環境と愛着形成

発達障害のある子どもの情緒を抱え整える力の発達不全は、保護者の応答性や共感力の不足が原因ではないということを先に述べましたが、それと同時に、子どもの感覚過敏の問題等で養育が難しくなることにもふれました。

残念ながら、こうした子育て困難が、実際に保護者による虐待等につながることも稀ではありません。暴言や暴力のような明確な虐待とはいえないまでも、自分の子育てで子どもの笑顔等の肯定的なフィードバックを引き出せないために、保護者が自信を失ったり傷ついたりして、子どもに愛情を抱けない、最小限の応答しか与えないといったネグレクト状態の親子関係が形成されることも少なくありません。そのため、本来はまったく別のものであるはずの発達障害の問題と愛着形成の問題が交差し絡み合い、行動−情緒の問題へと発展してしまうことも多いようです。

「愛着」とは

この数年の間、巡回相談等で学校現場から頻回に出てくるようになったのが「愛着障害」という言葉です。ただ、実際に学校現場で支援困難とされる実態は、医学的な診断名の「愛着障害」が指す状態よりも幅広く、愛着形成の歪みや不全の問題を指している事例が多いのも実情です。一般的な「親の愛情不足」と愛着形成の問題とが混同されていることも少なくないため、愛着を巡る問題を正しく理解することが必要です。ここでは、発達障害から少し離れて、愛着の問題について理解を深めたいと思います。一般的によく用いられている「愛着」という言葉に「愛」の文字が用いられていることもあって、いわゆる親の「愛情」と混同されてしまうことも少なくないため、心理学の領域では「愛着」を「アタッチメント（attachment）」と記述することが通例です。

「愛着」とは、生後12か月頃までに形成される特定他者（主たる養育者）との「情緒的な絆（emotional bond）」のことです。生物としてのヒトは、愛着で結ばれた特定他者を「安全基地」として、基本的な安心感・安全感や信頼感を獲得したり、他者や外界とのかかわり方を学習したりすることになります。この情緒的な絆が形成さ

れるのは、おおむね生後 12 か月前後です。生後 12 か月というと言語を獲得する以前の段階なので、ここで取り上げているのは、大人のような言語的に抽象化・概念化された「信頼感」ではありません。触れた肌の柔らかさや温もりに心地良さを抱いたり、抱きしめられた腕の力強さに絶対的な安心・安全を確信したりするような、身体で覚えた「信頼感」のことを指しています。

　愛着の果たす役割は、主に「恐怖」や「不安」といったネガティブな情動を制御することなので、この発達早期の愛着形成が何らかの問題（虐待、疾患や障害、経済的困窮など）によって安定しなかった場合、理屈抜きの安心感・安全感や人に対する基本的な信頼感に欠けていたり、他者とともにあることが緊張感や不安感を生み出したり、ひいては、外界に対して知的探求心を発揮することの困難（学びの困難）、主体性を獲得することの困難、不安や不満などの負の感情をコントロールすることの困難へと連鎖したりすることにもなり得ます。

アタッチメント・スタイル

アタッチメント・スタイルの 4 つのタイプ

　「自分の生存が危ぶまれるような恐怖の事態に直面すると、他者に接近したくなる」というアタッチメント欲求は、生物としてのヒトには必ず存在する本能ですが、その接近の仕方には、個々の母子カップルによって差があり、これをアタッチメント・スタイルと呼んでいます（ここでは便宜的に「母」という言葉を用いますが、ほかに代えることができない「主たる養育者」という意味で、生物学的な母親でなくてもよく、父親や祖父母、里親でも構いません）。アタッチメント・スタイルには大別して4つのタイプがあることが「ストレンジ・シチュエーション法」という実験手法を用いた発達心理学領域の研究で明らかにされています。

　ストレンジ・シチュエーション法では、母子同室でしばらく自由に遊んでもらった後、見知らぬ人（stranger）を部屋に導入したうえで、そこから母親だけが退室する「分離の場面」と、数分後に母親が部屋に戻ってくる「再会の場面」を実験的に作り出して母子の関係を観察します。その様子から、①分離抵抗（分離場面）、②近接希求（再会場面）、③探索活動（安全基地効果）の3つの観点で子どものアタッチメ

ント・スタイルを分類すると、「Ａタイプ：回避型」「Ｂタイプ：安全型」「Ｃタイプ：
両価型」「Ｄタイプ：無秩序‐無方向型」の４つに分けられます（表１‐２）。Ａ～Ｃ
タイプは、「組織化されている（organized）」と表現され、安全基地となる人に依存
しながら知的探究心を発揮できるタイプで、恐怖のコントロールが可能です。一方、
Ｄタイプは、「組織化されていない（disorganized）」と表現され、安全基地に依存
できないために知的探究心を発揮できないタイプで、恐怖のコントロールが不可能で
す。こうしたアタッチメント・スタイルの個人差は、養育者の態度と深い関連がある
ことも分かってきています（表１‐３）。

表１‐２　４つのアタッチメント・スタイル

	分離場面	再会場面	安全基地効果	対人関係の特徴
Ａタイプ	分離に対する抵抗が鈍い	無関心で安心や喜びの反応が乏しい	母親の存在とあまり関係なく遊べる	養育者に情動を整えてもらうことを期待せず、自分で自分をなだめることが必要となる。他者に向けた情緒表現が乏しくなる
Ｂタイプ	適度の抵抗を示す	安心や喜びの反応を示す	母親を安全基地としながら自由に積極的に遊べる	必要な時には養育者が情緒を抱え整えてくれることに確信をもっている。アタッチメント対象が見守ってくれていることを信じられる
Ｃタイプ	分離に対する抵抗が極めて強い	激しい怒りと強い身体接触欲求（甘え）を示す	母親に対して執拗にまとわりつき遊べない	予測のできないアタッチメント対象を注意深く観察することに長けている。他者の動向に注意が向きがちで、内省が困難になる
Ｄタイプ	唐突に不可解な行動を脈絡なく示し、一貫したアタッチメントのパターンが示されない			アタッチメント対象である養育者が苦痛の原因となる人であるため、安心感・安全感を得られる方法が見つけられない

表1-3 養育者の態度にみられる特徴

	養育者の態度にみられる特徴
Aタイプ	子どものはたらきかけに拒否的に振る舞うことが多く、微笑みや身体接触が少ない。子どもの苦痛を嫌がったり遠ざけたりする
Bタイプ	子どもの欲求や状態の変化に敏感で、過剰なあるいは無理なはたらきかけをすることが少ない。子どもとの遊びや身体接触を楽しんでいる様子が多い
Cタイプ	子どもが恐怖等を感じて接触を求める言動に鈍感で、子どもの行動や感情状態を適切に調整することが苦手である。子どもの欲求ではなく自分の気分や都合次第で、子どもの同じ言動に対しての反応が一貫性を欠いたり、タイミングが微妙にずれたりすることが多い
Dタイプ	精神的に不安定で、突発的に表情や声あるいは言動に変調をきたしパニックに陥るようなことがある。ストレスに対して極めて脆弱で無力感に浸りやすく、情緒的に引きこもりやすいことが想定される

 ## アタッチメント・スタイルの世代間伝達

　Dタイプに限らず、虐待の関係性や各アタッチメント・スタイルは「世代間伝達」することが指摘されています。愛着形成を巡る問題は「親の養育が悪い」という単純なことが原因ではありません。養育者がなぜAタイプやCタイプ、Dタイプの養育態度を取るのかといえば、養育者も自身の親から同じように養育されているからです。そして、その親の親も同様で、どこかに「悪者」がいるわけではありません。保護者の養育に不適切な面があったとしても、それを非難するのではなく、子どもにとって適切な養育とはどのようなものか、単なる知識理解ではなく具体的な方法として体感できるような支援機会を積極的に作っていくことが不可欠です。

　また、アタッチメント・スタイルは生涯不変のものではなく、適切な支援や安定したアタッチメント・スタイルをもつ人との出会いによって変化するということも分かっています。だからこそ、発達早期からの子育て支援が重要です。なお、学齢期からであっても支援によってアタッチメント・スタイルの変容の可能性が見込めます。しかし、アタッチメント・スタイルの変容には、かなりの時間がかかるといえます。

愛着形成の問題に対する支援の方向性

　アタッチメント・スタイルは生後12か月頃には形成され、言語獲得以前の身体が覚えてしまった他者との距離感、人間関係のテンプレートとして機能するようになると考えられています。専門的には「内的作業モデル（Internal Working Model）」と呼ばれ、信念体系となって固定化されていき、新しい人との出会いのたびに半ば自動的に立ち上がってくるようになっていきます。

　したがって、行動−情緒の問題を支援するために、アタッチメント・スタイルを変容させていくためには、子どもと支援者との双方に多大な時間と労力を要するということを覚悟しなければなりません。人間の信念は、理屈では変えられず、どんなに非合理的であったとしても、恐怖は身体に染みついたものだからです。特にＤタイプでは、教職員等の周囲の大人に対する基本的信頼に欠け、また常に外界を警戒していて、差し出される新しい知識や経験を受け取り、飲み込むことが困難です。教科の学びばかりでなく、学校生活から得られるはずのさまざまな生活体験、対人関係の学びも積み上げられないことが想定されます。

　これを踏まえると、愛着形成の困難に対する支援は5年後、10年後を見据えた長期的な視点が必要で、「自分が担任している1年間のうちになんとか改善したい」という期待はそもそも現実的でないことが分かります。小学校から中学校、あるいはその先を見据えて連続性・一貫性のある支援を行っていくことが重要となります。

また、アタッチメントが形成される過程を振り返ってみると、愛着形成の困難によって行動−情緒の問題を示している子どもを支援するためには、学力を高めたり、自立活動などでソーシャルスキルトレーニング（SST）に取り組んだりすることを促すだけでなく、安心・安全といった主観的で情緒的な経験を、理屈ではなく身体で覚え直していく時間と空間を与えることも必要なのだと考えられます。同時に、そこには、かつて得ることのできなかった安全基地としての誰か（健全な大人）の存在も期待されます。

　私たちにとっては素朴で当たり前だった養育環境でさえも得ることができず、愛着形成の困難が生じている子どもであるからこそ、支援は長期にわたる地道なものとなります。教職員には、忍耐強く共感と応答を示す情緒的な存在であり続けることが求められます。また同時に、連続性・一貫性のある支援を行うために、多職種・多機関との連携も不可欠であることはいうまでもありません。

発達障害と愛着形成が交差する困難

　行動−情緒の問題の背景には、このような愛着の問題が潜在していることも少なくありません。筆者が出会う困難事例の多くには「複雑な家庭環境」と表現される、子どもが他者との情緒的な関係性を築くことが困難な環境におかれていたことを想像させられる問題が存在します。極端なことをいえば、発達障害の特性は希薄であっても（障害がなくとも）、愛着によって形成されるはずの、他者への基本的な安心感・安全感や信頼感を保っていられない子どもは、支援することがとても難しいと感じさせられます。なぜなら、他者から差し出される支援を受けいれ、自分を成長させる糧として取りいれることが難しいからです。

　安定した愛着の主要な役割は、ネガティブな感情をコントロールすることにありますが、人とのかかわりにおいては、思いどおりにならないこと、妥協や我慢をしなければならないこと、相手や自分に腹が立ったり、恐怖や不安を覚えたりすることは避けられません。こうした情緒的な葛藤やネガティブな感情を適切に抱え整えることができなければ、人とのかかわりを通じて成長することは困難になります。愛着が安定していれば、人とのかかわりのなかで経験されるさまざまなネガティブな感情に圧倒されたり、完全にくじけたりすることなく、たとえ失敗からでも自分を成長させる何

かを学び取ることが期待できます。そのため、養育環境や親子の情緒的な関係性が適切でなく、愛着形成が安定していないと、行動−情緒の問題につながりやすいことが予測されるのです。

　つまり、発達障害の二次的障害に加えて、愛着形成の問題を抱える子どもも行動−情緒の問題を現す可能性が高いといえます。両者の困難の原因は、器質と環境というベクトルにおいて真逆で両極端ですが、「人とのかかわりの土台が揺らいでいる」という点では交差していると考えられ、両者ともに信念体系（記憶体系）の歪みが行動様式の歪みへと連鎖しています。そのため、特に発達障害の特性から生ずる問題と愛着形成の困難から生ずる問題が併存している子どもへの支援や指導は、学校現場において非常に困難なものとなっています。

5 行動−情緒の問題を解決する 6つのステップ

　ここまで、筆者の巡回相談の経験から発達障害のある子どもの二次的障害の具体例をとらえたうえで、その背景や土台にあるいくつかの問題を、心理学や精神分析学の理論や知見に基づいて整理してきました。二次的障害を行動−情緒の問題としてとらえ直し、情緒的な困難に対する共感的な理解に基づいたうえで、子どもの信念体系と行動様式の歪みの連鎖をとらえてみることが重要であると分かります。

　では、行動−情緒の問題について、実際に学校現場でどのように読み解き、支援していけばよいのでしょうか。具体的には、発達障害のある子どもの情緒的な困難に注目しながら、認知処理の特異性と信念体系の歪みが行動様式の歪みへ連鎖していく実態を的確にとらえ、具体的な教育的支援へとつなげるためには 6つのステップがあります（図 1 - 4）。

図 1 - 4　行動−情緒の問題を解決する 6つのステップ

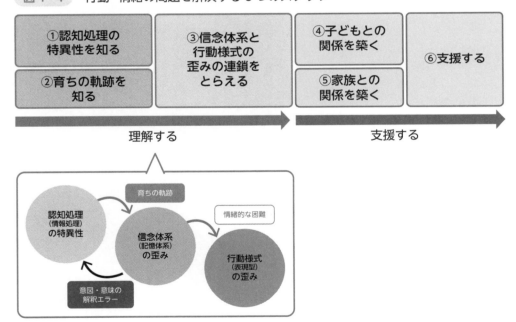

　「①認知処理の特異性を知る」では、認知処理の特異性から生ずる子どもの言葉や振る舞い等を丁寧に観察します。「②育ちの軌跡を知る」では、①と合わせて信念体系をとらえるために、これまでの育ちや家庭を中心とした対人関係に関する軌跡を確認します。「③信念体系と行動様式の歪みの連鎖をとらえる」では、①と②の交錯によって生ずる学びにくさや生きにくさが、子どものどのような情緒的な困難を引き起こしているのかについて、共感しながら理解していきます。「④子どもとの関係を築く」「⑤家族との関係を築く」では、それぞれ子ども本人や家族と安心感・安全感を基に信頼関係を築き、問題解決に向けた意欲を高めていきます。「⑥支援する」では、①〜③の理解を教職員と共有し組織的な共感性を高めることで、学校内外の資源を活用した支援へとつなげていきます。

　第2章では、この6つのステップについて、具体的なポイントや進め方について解説します。

参考文献

- ウィルフレッド・ルプレヒト・ビオン、福本修訳『りぶらりあ選書 精神分析の方法 I ＜セブン・サーヴァンツ＞』法政大学出版局、1999年
- 植木田潤「生きづらさを抱える子どものためのレジリエンス〈resilience〉を育む（第6回）子どもたちの将来的な自立や自己実現を見据えて」『特別支援教育の実践情報 2018年3月号』明治図書出版、2018年
- 数井みゆき・遠藤利彦編著『アタッチメント―生涯にわたる絆』ミネルヴァ書房、2005年
- 数井みゆき・遠藤利彦編著『アタッチメントと臨床領域』ミネルヴァ書房、2007年
- 齋藤万比古『ヒューマンケアブックス 発達障害が引き起こす二次障害へのケアとサポート』学研教育みらい、2009年
- ジョーン・ラファエル・レフ編、木部則雄監訳『母子臨床の精神力動―精神分析・発達心理学から子育て支援へ』岩崎学術出版社、2011年
- 前田重治『図説 臨床精神分析学』誠信書房、1985年
- メラニー・クライン、小此木啓吾・岩崎徹也編訳『メラニー・クライン著作集4 妄想的・分裂的世界』誠信書房、1985年

社会のなかでの自己実現

「障害」と聞くとネガティブなイメージを抱きやすいものですが、筆者が個別の相談の場で出会う発達障害の子どもは、一人ひとりがユニークな感性と話題を通じて、その子どもにしかない魅力を発揮してくれます。

例えば、数年間継続して教育相談で会っている小学生の男子は知識欲がとても高く、最近はまるでツアーコンダクターのような「完璧な旅行計画作り」に熱中しています。図書館で何冊も本を借りて全国津々浦々の観光地や鉄道等の交通機関、名物料理の知識を蓄え、出張の多い筆者に、移動経路や空き時間に観るべき観光地、食するべき料理をアドバイスしてくれます。

一方で、その子が学校や学級の集団生活に身を置くと、自分のやりたいことしかやらない、マイペースでクラスメイトと衝突を繰り返す等、トラブル続きの厄介者のようになってしまうことに、いつも疑問と困惑を覚えます。当然、同世代の子どもたちとは興味関心の領域が違っていて、学校では彼の楽しみを共有できる関係が作りにくいことは想像されます。皮肉なことに、コロナ禍で学校の休校が続いた時期にはクラスメイトとのトラブルが生ずることがないため、家庭でも心穏やかに過ごすことができたという話を繰り返し聞きました。つまり、協働や共有が求められる集団生活が前提にないことで、こうした子どもの生きにくさは軽減されるわけです。

そう考えると、教育相談やカウンセリングで目指すことは、トラブルや問題の原因を探って解決策を考えることではなく、むしろ、一人ひとりの強みや魅力をいかに伸ばして集団適応につなげていくかについて考えることなのではないでしょうか。

将来の自立や社会参加を見据えると、集団生活を避けて通ることはできません。対人関係が密になっていくほど、トラブルも避けられないものかもしれません。しかし、そうしたトラブルを避けるために集団から距離を置いて孤立してしまうことが問題解決につながるとは思えません。乳幼児期から成人期までを見据えた長期的な見通しのなかで、トラブルや失敗から学び、社会の一員として「自己実現」できる資質を育むことが、学校教育のなかでも重要なのではないかと筆者は考えています。

将来から適応のあり方を逆算し、発達障害のある子どもの学齢期に資質を高めることが必要だという観点は、学校現場にも当然あります。校内支援体制を整え、「通級による指導」等での個別のSSTを通じた自己理解や生活への支援、通常学級等での集団生活の適応を高める支援が積極的に行われています。

第 **2** 章

行動−情緒の問題を解決する 6つのステップ

　子どもの行動−情緒の問題を具体的に支援していくにあたって、実際にどのように個々の事例に向き合ったらよいのか、6つのステップで考えます。特に、「認知処理（情報処理）の特異性」が具体的にどのような困難を生み出すのか、そして「信念体系（記憶体系）の歪み」はどのように形成されていくのかといった点に着目し、それらが「行動様式（表現型）の歪み」としてどのように現れるのかを考えることで、理解を深めていきます。

1 認知処理の特異性を知る

発達障害の全体像を踏まえた支援の方向性

🌸 発達障害とは

　まずは「認知処理（情報処理）の特異性」として示される、一般的な発達障害の特性（特徴）を知ることから始めましょう。あらためて発達障害とはどのような障害で、その特性はどのようなものか、学びにくさや生きにくさはどのように生ずるのかについて理解を深めたいと思います。

　学校教育における「発達障害」という概念には、3つの障害が含まれています。1つ目は自閉症スペクトラム障害（Autism Spectrum Disorder：ASD）、2つ目は注意欠如・多動性障害（Attention-Deficit/Hyperactivity Disorder：ADHD）、3つ目は学習障害（Learning Disorder：LD）です。医療や福祉の分野では、この3つに知的障害を加えて発達障害としていますが、学校教育では、特殊教育の時代から知的障害のある子どもに対する教育体制や指導内容等は確立されていたため、2007（平成19）年の特別支援教育の始まりとともに主に通常学校・通常学級での取り組みの対象として考えられた「発達障害」概念に知的障害は含まれていません。そのため、基本的に学校教育でいう発達障害には「知的な遅れを伴わない」という前提があります（ただし、知的障害を伴う自閉症スペクトラム障害もあります）。ちなみに、2005（平成17）年に施行（2016（平成28）年に一部改正）された発達障害者支援法では、「自閉症、アスペルガー症候群その他の広汎性発達障害、学習障害、注意欠陥多動性障害その他これに類する脳機能の障害であってその症状が通常低年齢において発現するものとして政令で定めるもの」と定義され、中枢神経系に何らかの機能障害があると推定されています。

　これらの障害の特徴として、「目に見えない」障害であることに加えて、全般的な知的発達の遅れは認められず、ある特定の領域に限定された能力不全や機能不全、具体的には、読み書き能力、注意集中や衝動性のコントロール、対人関係・コミュニケーションのいずれかに「生きにくさ」が現れることがあげられます。さらに、3つの障害は単独で現れる場合もありますが、臨床上ではその多くが併存していることが知られています。そのため、発達障害のある子どもたちが発達早期からの適切なサ

ポートを得られないことが原因で、学習に対する意欲を失ったり、周囲の人たちとの摩擦が絶えず、激しい暴言や暴力が現れたり、疎外されて孤立してしまったりするというような、いわゆる二次的障害を示す事例が少なくありません。また、行動上の問題あるいは社会的不適応のような二次的障害が前面に現れると、背景にある一次的障害である発達障害への対応が後回しになってしまうことも少なくありません。

発達障害の認知処理の特異性

　ここであらためて、3つの障害それぞれについて、アメリカ精神医学会が作成している『精神疾患の分類と診断の手引 Diagnostic and Statistical Manual of Mental Disorders 第5版（DSM-5)』に基づき、認知処理の特異性を理解していきましょう。

自閉症スペクトラム障害（ASD）

　1943年にアメリカの児童精神科医であるレオ・カナーが世界で初めて早期幼児自閉症を報告して以来、長らく自閉症には知的障害が伴うものという認識が一般的でしたが、近年では知的障害を伴わない自閉症児・者も多くいることが知られるようになり、高機能自閉症やアスペルガー障害などとも呼ばれています。DSM-5ではそれらを総称して「自閉症スペクトラム障害」と表現しています。社会生活上あるいは学習上で、自閉的な特性が色濃いタイプから少ないタイプまで含めた幅の広い概念となっているため、スペクトラムという考え方が用いられています。

　ASDでは、ローナ・ウイング（1998）の指摘した「3つ組の障害」を主な特性としてとらえることができます。3つ組の障害のうち、①社会性の発達の質的な障害（対人関係の障害）は、非言語的（non-verbal）なコミュニケーションの困難で、いわゆる「空気が読めない」ことなどを指し、暗黙のルールを理解したり、顔色を読んで相手の気持ちを察したりすることが難しいという特性です。②コミュニケーションの発達の質的な障害は、言語的（verbal）なコミュニケーションの困難で、会話のための言語に支障がないようでいて、実際には冗談や皮肉、比喩表現が通じなかったり、特定の言葉を本人にしか通じない独特の意味で使用したりするという特性です。③想像力の障害は、文字どおり想像力をはたらかせることの困難で、他者の立場

に身を置き換えて考え共感することが難しかったり、目の前にないものを話題にしたりするという特性です。

　ASD特性のある人には、これら「3つ組の障害」が存在しており、他者とのコミュニケーションという点では、ADHDやLDよりも困難が大きい発達障害です。先の見通しがもてない状況、あるいは「0か100か」「白か黒か」といった明確な線引きがない、曖昧な状態におかれるとよくパニックになったり不安を訴えたりすることが示されます。「あれ、これ」「ちょっと」などの曖昧な言葉も理解が困難であるため、指示や説明等に際しては注意が必要となります。また、部分と全体の関係をとらえたり、先の予測を立てにくいことや予定が変更されることへ柔軟に対応したりすることが難しく、すぐに結果が出ない学習や活動、待ち時間や会話の終わりが読めない場面では不安や不満が高まりやすくなってしまいます。

🌸 ASD特性から生ずる困難

●目に見えるモノやコトしかとらえられない

　目に見えない場の空気、他者の意図や気持ちを察するということが困難です。人の表情も「笑っている」「泣いている」という状態はとらえられますが、「なぜ泣いているのか（哀しい、悔しい、うれしいなど）」を直観的に理解することは困難です。さらに、目に見えない観念や概念なども直観的に理解することが難しい面があります。「友情」「愛情」「信頼」など人生において不可欠な他者とのつながりを象徴するものが共有・共感できないとなると、対人関係の形成や維持には相当の困難が伴います。

　筆者が体験した例では、「男たるもの強く生きるんだぞ！」と父親に言われた男の子が言葉の意味が分からず、会うたびに（「強く生きるにはどうしたらいいの？」ではなく）「強く生きるってどういうこと？」と質問をしてきて、答えに窮するということがありました。観念や概念などは視覚的に示すことが難しいものも多く、実際の支援は簡単なことではありません。

●言葉が文脈や場面と結びついていない

　会話での曖昧な説明（「あれ」「この前の」「ちょっと」「たくさん」など）や例え話（「〇〇みたいな」「〇〇な感じ」など）は、直観的にとらえることが困難です。例えば、私たちは国語の授業の時間に「この前の続きから」と言われれば、意識すること

もなく直観的に「国語の授業で前回の続きから」と頭のなかで変換して聞きますが、文脈や場面と結びつけず、言葉だけを純粋にとらえれば、「この前」の期間が個々人によって異なる可能性があり、ここでいう「この前」が、いつ行われどの教科の授業のことを指しているのか不明です。そのような些細なところから、ASD 特性のある子どもはつまずいている可能性があります。

◉臨機応変かつ柔軟に思考や行動を切り替えることが難しい

　ASD 特性のある子どもには、急な予定変更はできるだけ避けたいところです。どうしても変更せざるを得ない場合には、可能な範囲で変更点（日付、曜日や時刻、かかわる人など）を事前に説明し、同意を得ることができると、混乱が起きにくくなります。例えば、学校で「明日晴れたら校庭でドッジボールをしてもいいよ」と約束した翌日、確かに晴れたものの夜間に降った雨で校庭は泥だらけで使えない、あるいは雪が降り積もって使用できない状況であっても、ASD 特性の強い子どもは「昨日は晴れたら遊んでいいって言ったじゃないか！」と遊びたい気持ちを切り替えられないことがあります。言葉の問題とも絡んで、まるで揚げ足を取る発言のように聞こえてしまいますが、教職員が感情的にならずに対応するためには、ASD 特性のある子どもには決してそのような意図はないのだということを理解しておくことが重要です。

◉感覚過敏・鈍麻がある

　ASD 特性のある子どもは、感覚過敏・鈍麻（音、光、触れられること、におい、味覚、痛みなどに極度に過敏あるいは鈍感）で困っていることも少なくありません。注意したいのは、感覚過敏のある人は生まれたときから感覚過敏であるため、自分が過敏だと気づいていないことが多いということです。自分が嫌な思いをするのは自身の過敏さが原因ではなく、周囲のせいだと思い込んでいることが多いので、どうしても被害的に「嫌なこと・不快なことをされている」ととらえやすいところがあります。本人の言葉による訴えがなくとも、授業中や休み時間のガヤガヤとした場所（特に音が反響しやすい体育館やホール）で耳を押さえていたり、教室に差し込む日差しや白い紙の上の黒い活字に対して常に目を細めてカーテンを閉めたがったり、クラスメイトの肩を叩く呼びかけに「殴られた！」と仕返しをしたりする様子が示されていたら、一度、本人と感覚過敏について話をしてみることも必要だと考えられます。

　不思議なことに、聴覚過敏のある子どもは、周囲の人が発する高い音や大きな音には過敏に反応するのですが、自分が出す大きな音は気にならないことが多いようで

す。周囲から耳のなかに勝手に入ってくる音を掻き消そうと、むしろ本人のほうが大きな声や音を出し続けていることも多く、クラスメイトから「授業妨害だ」ととらえられてしまう事例もよく見られます。

　また、先日出会った事例だと、「しょっちゅう具合が悪くなって保健室で寝込んでいる」と相談を受けた児童について、よく話を聴いてみると、実は給食にカレーライスなどの香りの強い食事が出た日に具合が悪くなっていることが分かり、嗅覚の過敏さがあるのだと判明したことがありました。授業参観の際に、筆者の周囲をクンクンと鼻を利かせながら歩いていた様子を見て気がつきました。ほかの人は誰も気づかなかった筆者のごく少量のコロンのにおいを、彼だけはとらえていたのです。

●主体的に何かを決めることが難しい

　「自由にしていいよ」「好きにしていいよ」と言われると、非常に困惑したり、あるいは限度を超えて文脈や場面に沿わない好き勝手をしてしまったりすることがあります。「問題が早く解けた人は好きなことをして待っていてください」などと指示をすれば、授業中でも歌を歌い始めてしまう可能性があります。

　この特性の背景には、「自分が何を好きなのか」「自分が何をしたいのか」といった自分理解の困難があると考えられます。他者だけでなく、自分の心身の状態やおかれた状況、関係性の布置を客観的に把握する「メタ認知」の機能が弱く、物事の判断基準となる「自己」という感覚がもちづらいために、主体的に何かを選び取ることが難しくなってしまいます。

他者視点に欠ける

　ここまでの5点ともかかわりますが、ASD特性のある子どもは「相手の立場になって考えてみる」ことが難しく、自分視点でしか状況を判断できないために、対人関係でのトラブルにつながりやすくなります。「自己中心的（わがまま）だ」と、性格的な問題として誤解されてしまうことが多くあります。

　教育相談などで出会う子どもも、この他者視点に欠けることが多く、主語や目的語がない語りが特徴的です。「どうしたらいいですか？」といきなり尋ねられても、何について語られているのか、何に困っているのかが分からないと考えようがありません。しかも、話を聴いているうちに、困っているのは本人ではなく家族や友達だったということも少なくありません。また、こちらの理解の及ばない事柄を尋ね返すと、「え？　知らないんですか？」と驚かれたり呆れられたりすることがあります。ASD特性の強い人たちには、「自分が知っていることは相手も全部知っている」と思い込んでいるような印象を抱かされます。

注意欠如・多動性障害（ADHD）

　ADHDの主な特性として、①じっとしていられない、最後まで人の話を聞けないなどの多動性、②順番が待てない、考える前に行動してしまうなどの衝動性、③いつもぼんやりしている、忘れ物やなくし物が多いなどの不注意（集中困難だけでなく過集中も含めた注意の切り替えの問題）の3つがあります。脳の発達に伴って小学校の中～高学年頃になると多動性・衝動性のコントロールが効く場面も多くなりますが、変化しない面もあります。例えば、離席して教室内をウロウロと歩き回ることは少なくなりますが、着席した状態でも手遊びや身体の一部が常に動いている状態などは示されます。それに加え、不注意のみ、あるいは多動性のみといった型もあることが知られています。

ADHD特性から生ずる困難

多様な刺激を受ける

　これは1つの例え話ですが、ADHD特性のある子どもは「脳の反射神経が良すぎ

る」のだと筆者はとらえています。視界に入ってくる人やモノの動き、耳に入ってくるさまざまな音声に逐一脳が反応してしまうので、無視したくても気持ちでコントロールすることが難しいのだろうと想像できます。常に脳が刺激を受け続けていて、集中しづらく、とても疲れやすく、時にはイライラもしてしまいます。学校であれば、教室外から侵入してくる環境音、校庭や音楽室から聞こえてくる声や音、教室内のクラスメイトの話し声、衣擦れや教科書・ノートをめくる音、机やいすを動かす音、時計が秒針を刻む音、空調の機械音など、私たちが努力しなくとも無視できる多様な刺激を常に受け続けていれば、そうならざるを得ないだろうと考えられます。

●うっかりミスをする

　多様な刺激を受けやすい特性も絡んで、注意集中を維持し続けるのが難しいことや短期記憶が弱いことにより、うっかりミス（日時の間違いや遅刻、忘れ物等）が避けられません。何度注意されても同じミスを繰り返してしまうため、どうしても叱責を受ける頻度が高くなってしまいます。また、本人も同じミスをしているという自覚をもっているので、注意や叱責が繰り返されると自己肯定感が極端に下がっていってしまい、行動−情緒の問題に直接的につながってしまう危険性があります。

●じっとしていることが難しい

　多動性・衝動性についても、本人に自覚があるからこそ、失敗経験が積み上がりやすくなります。同時に、しゃっくりを止めるときと同じように、意識はしていても自分でうまくコントロールすることが難しい事柄でもあるため、注意や叱責を受け続けると自己肯定感が下がりやすくなってしまいます。自分の身体が自分の意思に従わないというのは、非常に傷つき、自信喪失させられる体験だと想像がつきます。

●短期記憶が弱い・同時処理が難しい

　認知処理の特異性から、一度に多くのことを説明すると混乱しやすい傾向が示されます。自分では分かったつもりでも、いざ始めると途中からわけが分からなくなる体験が繰り返され、何をやっても達成感や満足感が得にくくなります。また、クラスメイトが難なくこなせていることが、自分にはうまくできない経験を目の当たりにすると、やはり自信喪失や自己肯定感の低下につながります。見聞きしたはずの経験や記憶がぽろぽろと自分からこぼれ落ちてしまうことは、無力感や絶望感を生みやすく、自分に何か重大な欠陥があるのではないかという恐怖も生み出します。

限局性学習障害（LD）

　教育分野の LD は、Learning Disability の略語 LD を用いています。「基本的には全般的な知的発達に遅れはないが、聞く、話す、読む、書く、計算する又は推論する能力のうち特定のものの習得と使用に著しい困難を示す様々な状態」（文部科学省、1999）を指していて、第 1 章でも記した文部科学省の 2022（令和 4）年の調査では、小・中学校において LD の疑いにより学習面で著しい困難を示す児童生徒が約6.5％程度いることが指摘されています。

　特に、文字の読み書きに困難を示す子どもが多く、音声言語による会話は何不自由なく行える一方で、文字を読んだり書いたりすることに困難があります。主には「よく読み間違いをする」「拾い読みしかできない」「文字は読めるが文の意味が読み取れない」「改行・段落を間違える」「助詞で文章を区切れない」などが特徴で、成人期になっても小学校低学年レベルの漢字が習得できない場合もあります。

　名前のとおり、主に学習面において困難が強く現れます。同じ内容でも、授業中に口頭で説明されれば理解できますが、黒板に書かれているだけだと、読んで理解したりノートに書き写したりすることが難しくなってしまいます。聴覚−音声でとらえた情報は理解できるので、意見を述べたり会話をしたりすることにはほとんど困難が示

されませんが、板書の視写場面になると途端に取り組めなくなったりします。LD に対する理解がないと、単なる本人の怠けややる気のなさと誤解してしまいますので注意が必要です。

　学年が上がり学習内容の難易度が高くなるにつれて、行動－情緒の問題（自己肯定感や学習に対する意欲の低下など）が拡大してしまう危険性があります。例えば、中学生で、会話にはまったく不自由がないのに、小学校低学年レベルの漢字が読み書きできない状態がみられると、しっかりと漢字練習をしていないせい、本人の努力不足のせいだと周囲が誤解してしまうといった事例は、巡回相談等でもたくさんあげられます。

●ディスレクシア

　LD のなかでも学習面で特に配慮や支援を必要とするのが「ディスレクシア(Dyslexia)」です。これは学習障害の１つのタイプで「特異的読字障害」「難読症」「読み書き障害」などとも呼ばれています。綴字（書字）の困難と読字の困難を併せもつ場合も多く、特に学習の基礎的な能力である「読み書き」に関して、特徴のあるつまずきや習得の困難さを示すため、たとえ計算能力等には困難がなくとも、そもそも教科書の文章を読むことが困難です。その結果として、全教科にわたる学力不振につながってしまいます。ディスレクシアかどうかの判断は、教職員だけでなく、医師や心理学の専門家等による総合的な見立てが必要になりますが、可能な限り早期に発見し支援を開始することが、その後の学力向上と二次的障害の予防・軽減のためには大変重要になってきます。

LD 特性から生ずる困難

　学習上で複雑な認知処理を必要とする作業として、読み書きの問題があります。文章を「読む」という作業では、目に映る文字の形態を次々と頭のなかで音声化しながら単語のまとまりを作り、脳内の辞書と照らし合わせて、その意味を理解する同時処理と、音声化された一連の言葉を元の順列にしたまま保持しておく継次処理の両方が必要になります。また、文章を「書く」という作業では、似たような音のまとまりから文脈に沿った適切な単語と文字を抽出し、さらには目でとらえた紙面と手の動きを連動させる目と手の協応などの同時処理と、頭のなかに音声化された一連の言葉を順

番に文字形態へと変換していく継次処理の両方が適切に組み合わされなければなりません。読み書きの困難には、このどちらか一方あるいは両方の認知処理過程に困難があると想定されるのです。

　LD特性のない多くの子どもたちは、このような複雑な認知処理を意識しなくても自動的かつ瞬時に実行できているのですが、LD特性の強い子どもにとっては、大変な努力を要し、膨大な時間のかかる作業になってしまいます。学習という点で考えたとき、教職員には、LD特性の強い子どもに対してはノートをきれいに書き写させることよりも、授業内容を理解させることに時間と労力を費やすべきである、という発想の転換が求められます。

認知処理における困難

　ここまで3つの発達障害それぞれの特徴とそれらに合わせた具体的な支援をいくつか見てきましたが、もう少し踏み込んで、「認知処理の特異性」によって生ずる学びにくさや生きにくさについて理解を深めていきましょう。

「聴いて理解する力」と「見て理解する力」のギャップ

　発達障害の困難は認知処理の特異性によく現れるため、医療や福祉領域、心理学等の専門家は、知能検査や発達検査を用いて、認知処理の特異性の実態をとらえて支援へつなげていくことを考えます。学校現場でも、検査等で客観的に測定された個々人の認知処理の特異性を踏まえて支援を行うことが有効ですが、専門的な訓練や研修を受けないとこれらの検査を実施できないため、他機関や学外の専門家等との連携が欠かせません。

　主に認知処理の特異性を把握するのに有効な発達検査は、「ウェクスラー式知能検査」で、学齢期では「WISC（Wechsler Intelligence Scale for Children）」が用いられます（就学前はWPPSI（Wechsler Preschool and Primary Scale of Intelligence）、成人期はWAIS（Wechsler Adult Intelligence Scale）を用います）。この検査で測っているのは、専門的にいえば2つのIQの実態です。1つ目は「言語性IQ：聴覚−音声処理過程の能力」で、過去の学習経験に基づく判断力などを

とらえています。2つ目は「動作性 IQ：視覚−運動処理過程の能力」で、新しい状況に適応する能力などをとらえています。もう少し分かりやすい表現をすると、言語性 IQ は「聴いて理解する力」で、動作性 IQ は「見て理解する力」となります。それぞれ聴力や視力そのものではなく、耳から入った音声情報や目から入った視覚情報を脳のなかで操作したりまとめたりする能力を指します。特に発達障害のある子どもは、これらのどちらか一方に偏った強みや弱みがあり、両者の間にギャップが生じていることが多いのです。

● 聴覚優位と視覚優位

　極端にいえば、例えば、LD 特性のある子どもには「見て理解する力 ＜ 聴いて理解する力」という傾向があって、先に述べたように板書の視写等で見て理解する力をうまく発揮できないので、「聴いて理解する力」を中心に学習や生活を進めています（これを「聴覚優位」といいます）。一方で、ASD や ADHD 特性のある子どもには「聴いて理解する力 ＜ 見て理解する力」という傾向があるので、何度も言い聞かせる指導や説明の仕方では理解につながりにくく、「見て理解する力」を中心に学習や生活を進めています（これを「視覚優位」といいます）。もっと詳細に見ていくと、ASD と ADHD は同じように視覚優位ではありますが、聴いて理解する力がうまく発揮できないメカニズムは違っているようです。

　例えば、ASD 特性のある子どもは「他者視点」に欠けるところがあり、相手の立場と視点で物事を考えたり、相手の言動から意図を理解したりすることに困難があります。そのため、周囲に多くのクラスメイトがいるなかで自分だけに与えられている注意や指示が自分に向けられたものだと理解できず、相手からは聞こえないふりをしたり無視したりしているように見えてしまいます。

　一方で ADHD 特性のある子どもは、聴覚的な短期記憶の弱さがあり、言われたことを十分に聞き取れず、一度にたくさんの指示や説明があると、とらえられた一部の指示や説明だけで作業を始めてしまうので、作業を完遂できなかったり、期待されているのとはまったく違う作業をしてしまったりします。この特徴は、ASD 特性のある子どもにおいても少なからず当てはまる部分があります。例えば、クラスメイトと「言った−言わない」のトラブルになった際に双方の事情をよく聴いてみると、ASD や ADHD 特性のある子どもは聞き取れた一部の言葉から相手の言いたいことを推測することしかできず、残りの言葉は自分の思い込みや願望に置き換わってしまうため

に、まったく別の意味に誤解してしまっていることも少なくありません。

「同時処理」と「継次処理」

　「聴いて理解する力」と「見て理解する力」以外にも、3つの発達障害に共通する認知処理の困難として、「同時処理」と「継次処理」の問題があります。「同時処理」とは、言葉のとおりいくつかの事柄や作業を同時に実行処理していく（脳内の）作業のことで、「マルチタスク（Multitasking)」というとイメージしやすいかもしれません。一方で「継次処理」とは、事柄や作業に優先順位をつけて、1つずつ実行処理していく作業のことです。この2つの認知処理における困難は、学びにくさや生きにくさにつながります。

●同時処理

　同時処理では、話を聞きながらノートやメモを取る、クラスメイトと話し合いながら考える、給食を味わいながら会話を楽しむといったことにも困難が示される可能性があります。筆者が教育相談で会っていたADHD特性のある小学6年生の男児は、「社会科が一番苦手だ」と嘆いていました。理由を尋ねると、社会科は記憶しなければならない情報が多いことに加えて、教科書と黒板とノート、資料集や地図帳、さらにプリント類が机上に溢れて目がチカチカしてしまうのだと教えてくれました。確かに、社会科は複数の情報を同時に処理していく作業が多い教科といえます。

　また、特に短期記憶の弱さがあると、同時処理の能力にも影響が大きいことが想定されます。一般的に人間の短期記憶の容量は「5±2」（3桁から7桁の情報を一度に記憶できる）といわれていますので、それよりも少ないということは、3つの事柄を頭のなかで操作することにも困難がある可能性が考えられるということです。

　例えば、暗算を行ったり、繰り上がりや繰り下がりのある計算問題に取り組む際、頭のなかで音声化された情報（数字）を操作しなければなりませんが、桁数が多かったり四則計算が2つ以上含まれていたりすると、短期記憶の容量を超えてしまう可能性があります。「14＋6＝?」の問題で考えると、「まず14を10と4に分けて…、4と6で10のかたまりを作って…、14から分けた10とかたまりにした10を合わせると…20だ！」というプロセスを経ていくわけですから、3つ以上の情報が順不同で絡み合います。短期記憶を補うために音声情報が消えてしまわないよう、

ブツブツと声に出して計算問題に取り組もうとすると、「ブツブツ言わない！」「黙ってやりなさい！」などと注意を受けることになってしまいます。計算問題に限らず、作文で文章や起承転結などの構成を考えるなど、同時に複数の情報を照らし合わせたり整理統合したりする必要がある同時処理は、非常に困難です。

● 継次処理

　継次処理の困難では、実行すべき作業に優先順位をつけて1つずつ順番に処理していけばよいので、同時処理と比べると支援が容易に思えるかもしれませんが、特性による困難に注意が必要です。

　ASD特性のある子どもによくみられることとして、一度決めたルールや順番を途中で柔軟に変更することが難しいという特性があります。そのため、例えば定期考査で試験問題を最初から順番に解いていかないと気が済まないので、出題順に関係なく簡単な問題から解いていくという発想が浮かばず、実力どおりの得点が取れないことがあります。あるいは、掃除の時間に担任に指示された拭き掃除の途中で、人手の足りないクラスメイトから掃き掃除の手伝いを頼まれると、どちらを優先すべきか判断できなくなって、その場でフリーズしたまま動けなくなってしまいます。はたから見ると、ただ「ボーッと突っ立っている」ように映ってしまい、その結果、両者から呆れられてしまうということが起こります。

　実際の生活場面では、一度決めた優先順位がクルクルと変わってしまうことは多いので、柔軟に思考や発想、気持ちを切り替えて対応できるかどうかが問われる継次処

理の問題は、かなり深刻な問題となり得るのです。

発達障害に関する見落としがちな事柄

　さまざまなメディアなどでも取り上げられているため、「発達障害」という言葉は一般的にも浸透してきましたが、意外と見落としがちな発達障害全般にかかわる基礎的・常識的な事柄を5つ、以下のようにあらためて確認しておきたいと思います。

 ### ①発達障害は脳機能の障害であって、養育環境や育て方、心理的ストレスによって生ずるものではない

　特に自閉症スペクトラム障害は、1970年代まで世界的に「不適切な親の養育によって生ずる」と誤解されてきたので、いまだにそうした認識をもったままの世代もあります。また、知的な遅れがないために、空気を読めない言動や自己中心的なわがままに見える言動、おとなしくしていられない多動性・衝動性などが、親のしつけの問題に見えてしまうため、発達障害に関する正しい知識や認識がない状況では、つい周囲が保護者を責めたり、保護者自身も自分を責めたりしがちです。

 ### ②機能・能力の不全（障害）であって、完全な「欠如」や「欠陥」ではないため、支援や訓練等によって成長していく部分も多い

　発達障害がほかの障害種とは大きく異なる点で、非常に悩ましい面です。例えば、盲や聾といった障害のある人が、調子の良い日には目が見えたり、訓練すると耳が聞こえるようになったりすることは基本的にはあり得ません。しかし、発達障害のある人の場合には、例えば、不注意や多動性・衝動性のある子どもが、保護者の見守る授業参観ではしっかりと着席し集中して授業を受けることができたり、読み書きに困難のある子どもが、「通級による指導」で読字や書字の練習を積み重ねるとある程度の読み書きができるようになったりすることがよくあります。

　そのため、保護者も教職員も本人でさえも、「もっと頑張ればもっとできるようになる」という期待を抱きますし、伸び悩むと「努力が足りないからだ」と思い込んで

しまいます。決して悪意ではなく、むしろ善意から「もっと頑張れ！」と励まし続けるので、どこかに無理が生じます。伸びるとはいってもやはり障害ですから、スキルや能力の向上にも限界はあり、思春期を迎える頃になると「こんなに頑張ったのに、結局みんなと同じようにはできないんだ…」という現実に直面して心が折れてしまうことも少なくありません。学習面の努力は点数や成績という形で目に見えやすく、周囲と同じことを同じペースでこなそうと努力しますが、学年が上がり、学習内容の難易度も高くなるにつれて苦しさが増します。クラスメイトとの関係性やコミュニケーションも、本音と建前の使い分け、矛盾や葛藤を含んだ言動などの複雑性が増していき、だんだんと互いに心を通わせることが難しくなっていきます。その結果、気がつけば無気力や不登校などの二次的障害へと発展してしまうことも少なくありません。

　そう考えると、発達障害の特性から生ずる困難（例えば読み書きなど）に焦点を当てて「乗り越える」ことを励ますよりも、他者と比較することなく、発達障害のある子ども一人ひとりの強みや得意を伸ばしたり、自分の「居場所」と感じられる場（例えば趣味や余暇など）を見つけたりしていくことが、長い目で見ると重要になります。

③発達障害の特性自体は誰でももち合わせているものなので、「発達障害である」か「発達障害でない」かの二択でとらえることが難しい

　これは「スペクトラム」という考え方で、発達障害と非発達障害（定型発達）の間には境界がないことを意味しています。自閉症スペクトラム障害には、障害名にも「スペクトラム」が用いられていますが、ほかの2つの発達障害もスペクトラム概念でとらえることで理解が深まります。

　発達障害は血液検査の数値やCT検査の画像などではなく、言動等の状態像でとらえられる障害なので、どこからが障害でどこからが障害でないのかは明確に判別しにくいものです。もちろん、医学的には診断基準があって障害の有無について線引きされますが、学校教育においては診断名よりも、どこからが障害でどのような配慮や支援が必要なのか、あるいは子ども本人の努力に任せてよいのかを把握することのほうが重要です。いわゆる「グレーゾーン」という言葉がよく使われていますが、数直線上の両端を発達障害と定型発達とに分けると、その中間がグレーゾーンということに

なります。発達障害の特性が強く現れていて、学びにくさや生きにくさが多いほど「障害」といわれる状態に近づき、特性が弱く、学びにくさや生きにくさが少ないほど「個性」といわれる状態に近づくという考え方もあります。学校現場では、たとえ診断がついていない状況であっても、学びにくさや生きにくさが示されていれば支援や配慮を行わざるを得ません。同時に、誰もが発達障害の特性をもち合わせているので、診断がついてから支援を始めるのではなく、発達障害のある子どもにも分かりやすい授業を行うことで、学力に困難を抱えているほかの子どもにも分かりやすいものとなり得るのです。

 ④「できる／できない」でいえば「できる」ことが多いが、
みんなと同じことを同じペースでやろうとすると、とても疲れる

　発達障害のある成人期の当事者の方と小・中学校時代を振り返るときに、よく耳にする言葉です。学校では特に、「できる／できない」の二択で判断される場面が多くあります。確かに頑張ればできることも多いのですが、みんなと同じことを同じペースで行うためには、われわれの想像の何倍も努力が必要で「とても疲れる」と当事者は言います。周囲のクラスメイトと同じことが当たり前にできていることが前提になっており、目には見えない大変な努力をして周囲に合わせているときには褒められることもないのに、うまくできないときや失敗したときばかり注目されて、注意を受けたり叱られたりすることが多いそうです。

　例えば、ADHD 特性の強い子どもがじっとして離席もせず過ごせているだけでも、本人は相当の努力をしているのに、その努力は認められず、とうとう集中力が途切れて動き出した途端に「またキミか！」と注意を受けることの繰り返しがあれば、誰でも自己肯定感や学習意欲が低下するでしょう。教職員への信頼も損なわれ、行動－情緒の問題へとつながり得るだろうと納得させられます。本来は障害の有無に関係なく、子どもが努力していることや頑張っていることそのものに注目し、褒めたり励ましたりしていくことが、学級経営上も重要なのだと気づかされます。

⑤障害なので「治す」「克服する」のではなく、「自分の特性と
うまく付き合っていく」ことを目指したい

　本書でもこれまで繰り返しふれていますが、現在の医学では発達障害そのものを治すことはできません。将来の自立や社会参加を見据えると、特性とうまく付き合っていけるようになることが期待されます。そして、うまく付き合っていくためには、自分のことをよく理解することが大変重要なポイントになります。ただ、「障害理解」といってしまうと、自身のできない点ばかりを見ることになり、苦しくなってしまいますので、あくまで「自分理解」を促していくことを目指したいところです。

　障害ゆえにできないことがあるのと同時に、障害があってもできることはたくさんあり、場合によっては周囲の誰よりも得意だったり、強みが発揮されたりする面もあるはずです。障害があっても具体的にどのような支援や配慮があればできるようになるのかを知っておくことが、将来の適応にも大きくかかわってきます。学齢段階から、自分に必要な支援や配慮について、あるいは自分の得意な能力やスキルを発揮しやすい環境や領域について、理解を促していくことが重要です。

　このような自分理解が十分になされていないと、例えば、進学や就職活動等の際に、人前に立って話すことが困難なのに、教壇に立つことを考慮せずに偏差値の高さだけで教育学部を選んだり、接客が中心であることを考慮せずに知っている会社というだけで就職先を決めたりするなど、自分の特性や適性に合わない選択をしてしまい、早々に挫折してしまうことも少なくありません。ただ、特性によっては、実際に体験してみないとどのような困難があるのかを具体的にイメージできない場合もありますので、「通級による指導」等を活用して、実際に働いている人の体験談を聴いたり、自立活動等である種のロールプレイ（役割演技）のようなことに取り組んだりすることが役立ちます。これは、いわゆる「キャリア教育」にもつながる視点です。

　総じて、できることとできないことのギャップが大きいので、発達障害のある子どもへの支援の方向性としては、障害ゆえの「苦手」「できない」をなくすことよりも、「得意」「強み」を伸ばすことに時間と労力を費やすことが肝要だと筆者は考えています。

② 育ちの軌跡を知る

　「認知処理の特異性」から生ずる困難に対して、適切な支援や配慮が行われないままの状態が続いていくと、失敗体験の繰り返しによって自己肯定感が下がったり、孤立感やネガティブな感情が蓄積されたりしていきます。その結果、次の段階として「信念体系（記憶体系）の歪み」が大きくなっていく可能性があります。第1章でふれましたが、「信念体系」は実際の経験が積み重なって形成される、自分や他者にかかわるとらえ方や考え方の基盤となるものです。

　本節では、乳児期から現在進行形の生活のなかで複雑に編み上げられた記憶が、育ちの軌跡となって、信念として体系化していく過程について理解を深めることで、支援の糸口を探っていきます。

外傷的・悲劇的な家族の物語がないか（どのような家族神話があるか）

　少し大げさに思えるかもしれませんが、各家庭には個々の文化や風習、独自の生活スタイルなどがあります。「早寝早起き」といった家訓のように容易に意識できるものもあれば、第1章の愛着形成の問題でふれた「アタッチメント・スタイル」のように、意識しようと努力しても意識できないレベルのものもあります。

　発達障害の有無にかかわらず、そうした意識－非意識に刷り込まれている各家庭の信念体系のなかで、子どもは成長発達します。また、そうした文化は乳幼児期から積み上げられていますので、たとえ意識できたとしても変えることは難しい、あるいは変えてもすぐに戻ってしまう頑固さがあります。

　例えば、好奇心いっぱいの赤ん坊が何かに手を伸ばすたびに「危ないから触っちゃダメ！」「汚いから触っちゃダメ！」と過剰に制限されれば、赤ん坊は「世界は危険に満ちていて、汚らわしいところだ」という信念を非意識下に抱くようになりますが、そうした過去のやり取りに基づく信念が自分に刷り込まれていることを意識できたとしても、習慣化してしまった価値観や行動を変えることはなかなか難しいものです。例えていえば、いつも左右どちらの足から歩き出しているのか意識していなくても、意識していつもと逆のほうの足から踏み出すと違和感を覚えて、何だか落ち着かない気持ちになるのと同じようなことです。

さらに、そこに家族の重大なイベント―病気や事故で愛しい子どもを突然亡くした哀しい歴史などがあれば、過保護とも思える保護者の言動にも十分に共感できる理由が見つかり、家族固有の物語によって形成された信念体系を簡単には否定できなくなります。ここで必要となるのは、世の中の常識を押しつけたり説得したりして無理矢理に意識や行動を変えていくことではなく、「共感的な理解」に基づいた「情緒的な応答」―不安や不満を抱え整える―を焦らずに提供し続けることで、わずかにでも意識や視点の変化が生まれる余裕を作ることです。

　そもそも家庭の文化は、それ自体の個別性が高く、また世代を超えて脈々と受け継がれていることが多いものです。はたから見てどれほど非常識に映る言動であっても、家庭外の者が「良い―悪い」で推し量り、いわゆる「世間一般の常識」を押しつけることはあまり意味がなく、変化も期待できません。特に、先にふれたような心的外傷的あるいは悲劇的な家族の物語が存在する場合には、なおさらです。「我が子に発達障害がある」という事実だけでも、家庭によっては十分に心的外傷的になり得るでしょう。愛着形成の問題も含めて、各家庭の子育てには、そうした文化や歴史が色濃く反映されており、子どももそうした文脈のなかで成長発達していることを理解したうえで、言動をただ否定するのではなく、教職員が共感的・応答的に理解することを通じて、あらためて互いの「常識」を見直してみることを促す意識が必要です。

家族の抱える信念体系

🌸 保護者の問題解決・葛藤解決パターン

　特に、「行動―情緒の問題」に関連した信念体系の1つに、家族固有の問題解決や葛藤解決のパターンがあります。例えば、巡回相談の事例として「自分の非を認めず、何でも他者のせいにする」子どもがよくあげられますが、家庭の文化や信念体系に目を向けてみると、「嫌なことや不快なことは全て他人のせいにする」親の姿を繰り返し目にすることで、それが対人関係における当然のマナーだと子どもが思い込んでいるのではないかと考えさせられることも少なくありません。

　さらに、「やられる前にやれ」「やられたら、とことんやり返せ」「譲ったら負け」といった家族の信念体系があれば、子どもは暴言や暴力が自分や家族を守るために取った正当な行為であると思い込んでいる可能性もあります。また、言語化されていない行動レベル、例えば、親が暴言や暴力で子どもを支配する弱肉強食の文化が家庭にあれば、子どもも当然、自分の意思や思いを通すために暴言や暴力を示すことに抵抗がなくなります。

　こうした視点を踏まえて行動-情緒の問題を理解しようとする際に、その家庭における問題解決の方法、あるいは葛藤解決のパターンがどのようなものなのかに注目してみると、子どもの示す言動の意味をとらえやすくなります。

　第1章で述べたポジション概念や愛着の観点も含めて俯瞰してみると、保護者自身も自分の不満や不安を抱え整えることができないために、誰かを利用して情緒のバランスを保っている場合もあります。保護者をモデルとして、子どもも同様の対処法を身につけることは、当然の成り行きだと考えられます。

　さらに踏み込んでいえば、発達障害のある我が子を育てることには相当の苦労があり、親の思うようにならないことや、親として（時には人として）の自信を奪われることも少なくありません。そうした際に生じた不満や不安、落胆の気持ちを抱え整えることができなければ、心的状態は原始的で未成熟な妄想-分裂ポジションへとスイッチし、それらのネガティブな感情は投影のメカニズムを通じて、例えば、教職員の言動に映し出されることになります。

つまり、「子どもが問題ばかり起こすのは自分の育て方が悪いんじゃなくて、担任の指導の仕方が悪いからだ！」と見えてきてしまうわけです。担任を非難－攻撃し続ければ、自分のなかにある子育ての不安や自信喪失とは向き合わずにいられます。また、我が子に対して自分には「何もできることがない」という無力感を打ち消すために、「我が子のために」教職員に対する非難－攻撃をすることで「自分にもできることがある」という親自身の主体性の感覚や自信を回復することができます。我が子に障害があるという事態は、家族にとっては非常に激しい衝撃であり、また選択の余地がないできごととして、完全な受け身を強いられます。この衝撃によって生じた種々の情緒的な困難を解消する方法として、誰かに向けて能動的かつ積極的にはたらきかけることで無力感を打ち消したり、怒りや哀しみから目を逸らしたりするという解決パターンもあり得ることが理解できます。

抱え整えることが難しい親子関係

　また、巡回相談では、ひとり親家庭で金銭にも心身にも余裕のない子育てに疲弊している事例に出会うことも少なくありません。ひとり親家庭の良し悪しとは別に、事実として夫婦の離婚には親子の別離が伴います。しかし、夫婦間の愛情が冷めたからといって、親子間の愛情も冷めたとは限りません。時には、家庭を出ていくことになった側の親に対して強い愛情を抱いていて「見捨てられた」「追い出された」ように体験している場合もあります。これは子どもの主観的な体験なので、必ずしも客観的な事実とは合致しませんが、子どもにとっては破壊的な影響力を及ぼす可能性もあります。すなわち、自分も失敗したり、逆らったり、お気に入りでなくなったりしたら「見捨てられてしまう」「追い出されてしまう」のではないかといった恐れを抱かされるようになります。

　家族と学校が対立していれば、当然、親の言うことに服従していないと居場所がなくなる危険性がありますので、教職員に対して気を許したり心を開いたりすることは難しくなります。反対に同居している親が「捨てられた」側で、一方の親が愛想を尽かして家庭を去ったなどのエピソードがあれば、今度は残された親のほうが我が子にも見捨てられないために、子どもの言いなりになるといったことも起こり得ます。例えば、離婚までいかなくとも、単身赴任という客観的な事実が「家族よりも仕事を選

んだ」として見捨てられたという感情を強めたり、親の心身の病気などによって親子の役割や立場が逆転したりする場合もあります。

　このような場合、本来は子どもの不安や不満などのネガティブな情緒を抱え整えるはずの親の共感性や応答性が発揮されず、子どもが親のネガティブな感情を抱え整える役割を担わされるので、子ども自身の情緒は誰にも抱え整えられることなく行き場を失います。そこで、家庭の次の生活の場である学校で、暴言や暴力という「行動様式（表現型）の歪み」として漏れ出ている可能性もあるのではないかと考えさせられます。ここでは、「自分で抱え整えられない情緒は誰でもいいから拾わせ預ける」という信念体系が、親から子へ受け継がれているのかもしれません。

同世代との関係性

　ここまで、発達障害のある子どもの信念体系を理解するために、家族の歴史や重要なエピソードと、それを子どもがどのように主観的に体験してきたのかという点に着目してきました。繰り返しになりますが、発達障害の認知処理の特異性から直接的に生ずる学びにくさや生きにくさは、家庭の問題とは完全に別のものです。ただ、学びにくさや生きにくさから派生した情緒的なインパクトをどのように主観的に体験し意味づけるのかは、家族の抱える信念体系に多大な影響を受けます。そして、その情緒的なインパクトをどう抱え整える（抱え整えられない）のかは、家庭の問題解決や葛

藤解決のパターンによって「行動様式の歪み」となって表面化していきます。

　子どもが低学年であればあるほど、家族の子育ての軌跡が「信念体系」に及ぼす影響は大きくなるのですが、高学年になっていくにつれて対人関係は質・量ともに拡大し、家族の影響による信念体系はテンプレートとして背景に退き、ともに学び暮らす同世代のクラスメイト等との日々のやりとり、コミュニケーションや言動によって築かれた関係性が「信念体系」の形成と維持に大きな影響を与えるようになっていきます。乳幼児期からの家族以外の人との関係性のありようが、支持的で共感的なものだと体験されてきたのか、あるいは敵対的で無理解なものだと体験されてきたのかによって、「信念体系」がまったく異なる彩りを見せることは容易に想像がつきます。もう少し具体的にいえば、「トラブルは生じても関係の修復は可能だし、友だちはみな信頼できる」という信念体系があるのか、それとも「いつも自分は悪者にされるばかりで、信頼できる人間などこの世に存在しない」という信念体系があるのかでは、対人関係の築き方がまったく別のものになるでしょうし、教職員から行う支援アプローチの焦点や方法も別のものが必要になります。

　そのように考えると、発達早期から同世代の友人関係をできるだけ良好なものにしておくこと、支持的で共感的な関係性を体験し続けられるような環境づくりをしていくことが、行動−情緒の問題を予防するうえでも、大変重要なのだということが分かります。

③ 信念体系と行動様式の歪みの連鎖をとらえる

ここまで、「認知処理の特異性」と、「信念体系の歪み」につながる「育ちの軌跡」について理解を深めてきました。本節では、これら2つの困難が実際にどのような「行動様式の歪み」として現れるようになるのかについて、情緒的な困難とも関連させながらみていきたいと思います。

「行動様式の歪み」をとらえるために

発達障害のある子どもの言葉や振る舞いの端々には、さまざまな困難が見え隠れしています。学校内や教室では、行動レベルで表現されたことしか直接的にとらえることはできません。まずは、具体的に目に見える行動で示された困難に対して、具体的に目に見える支援を行っていくことが、行動−情緒の問題を予防するうえでも重要です。

ただ、すでに行動−情緒の問題を示している子どもには、直接的な指導や支援を導入することそのものが難しい場合もあり、また、発達障害の特性の現れ方は個別性が高く、同じ診断名であったとしても一人ひとりの学びにくさや生きにくさは質も量も異なっているのが当たり前です。そこで、一人ひとりの困難の実態を適切に把握して、支援をカスタマイズしていくためには、以下の3つの姿勢が教職員に求められます。

① 観察する

まずは、発達障害のある子どもの言葉や振る舞いを丁寧に観察することが最も重要です。表現型としては同じ「暴言・暴力」を示したとしても、ここまで繰り返しふれてきた「認知処理の特異性」や「信念体系の歪み」は一人ひとり異なっています。それらがどのような場面でどのように現れているのかをじっくりと観察し、トラブルが生じやすい場面（音や光）や時間帯（疲れやすさ）、トラブルになりやすい相手の特徴や言動（被害感や恐怖感の喚起）なども視野に入れながら、何らかのパターンや核となる共通のテーマが存在しないかをとらえていきましょう。

次の「②想像する」で述べるように、子どもが表現している言動の意味について想

像力をはたらかせながら授業を観察していると、「信念体系の歪み」と直接的に関連している情緒的な体験の布置（constellation）も浮かび上がってきます。行動レベルでやり取りされるコミュニケーションには、表裏一体となった情緒的なレベルのコミュニケーションがあるからこそ、安心感・安全感、信頼感といった情緒的な絆へとつながる可能性が生まれます。そして、この情緒レベルのコミュニケーションにズレが生じてしまうと、まったく同じ言動であっても真逆の意味を生み出し、不信や不安、恐怖などにつながる可能性もあります。

　例えば、同じ「バカだなぁ」という言葉も、教職員と子どもとの関係性が良好か険悪かによって、庇護や愛おしさが伝わる場合もあれば、強烈な非難や呆れた気持ちが伝わる場合もあります。子どもに信念体系の歪みがあって、「バカだなぁ」を否定的な言動ととらえれば、ますます教職員への不信感は募り、怒りや不安から反抗的な言動へと発展していく可能性があります。

　こうした点を踏まえると、授業中の教職員と子どもの間、あるいは子ども同士の間で交わされる行動レベルのやり取りが、その子の情緒的なレベルの体験としてはどのような意味を生じさせるかをとらえることが、観察の重要なポイントとなります。具体的には、恐怖や苦痛、喜びや楽しさなど、どのような情緒で彩られたコミュニケーションになっているのかを観察する姿勢が重要です。

　ただ、授業をしながらこのような詳細な観察を行うことは相当に困難なので、観察は授業者以外のチームで行い、時には学校内外の専門家も活用しながら多面的・立体的に行うのが理想です。この点、中学校や高等学校は教科担任制なので、必然的に複

数の教職員が一人の生徒を場面や文脈を変えて観察することが可能ですが、学級担任制の小学校では意識的に行うことが必要になります。

 ② 想像する

　①と②は並行して進められるため、切り分けることは難しいですが、観察された子どもの言動から、その背景にある「認知処理の特異性」や「信念体系の歪み」がどのようなものであるのかを考えていきます。ここで重要なのは「想像する」という心のはたらきであり、この想像には必然的に「共感」という情緒的な動きが伴います。発達障害のある子どもが日々味わっているであろう情緒体験を味わい咀嚼してみること＝共感的に想像してみることで、自然と共感の想いが生まれてきます。教職員に限らず支援者の行為・はたらきかけは、この共感の想いに動機づけられているからこそ、子どもの心にも届くのだと筆者は考えています。

　観察の対象となる「この子ども」にとって、教室という場や授業という時間・内容、授業者（教職員）やクラスメイトの言動・コミュニケーションが「どのように体験されているのか」を、この子どもに「固有の」見え方・聞こえ方（認知処理の特異性）、そして人間観・人生観（信念体系）というフィルターを通してとらえてみること、つまり想像してみることが重要です。すると、暴言や暴力などの行動−情緒の問題にも一人ひとりに固有の意味があることがとらえられるようになっていきます。

 ③ 見立てる

　これも①、②と並行して進んでいきますが、②でとらえられた固有の意味を、診断名ではなく一人ひとりの文脈に沿ってとらえ直すことで、学びにくさや生きにくさの具体が俯瞰できるようになっていきます。

　筆者が小学3年生の教室で授業参観をした際の事例をもとに考えます。

ADHDの可能性を指摘されていた男児が、授業中にもかかわらず、手にした鉛筆を天井近くまで高く投げる行為を繰り返していました。授業者である担任は「いつものように集中が散漫になっている」と放置していましたが、教室にいた支援員の先生はその子どもに近づき、鉛筆投げを止めるように指示しました。そのやり取りを数回繰り返した後、支援員の先生が自分のそばから離れていくと、今度はその足元に鉛筆を転がす行為を始めました。すると再び、支援員の先生は慌ててその子どもの隣へ行って注意を与えていました。

　この場面を観察していた筆者は、その子どもが鉛筆と支援員の先生を使って同じテーマを表現しているのではないだろうかと考えました。つまり、自分が主体となって、何かあるいは誰かを近づけたり遠ざけたりする動きを作り出しているというテーマです。そして、授業参観後に担任の先生から、この子どもが学区にある児童養護施設から通学しているということを聞き、筆者のなかに1つの意味理解が生まれました。

　推測ではありますが、おそらくこの子どもは、自分は親に迎えに来てもらえないのではないか、捨てられてしまうのではないか、といった不安や不満で心のなかがいっぱいなのだろうと考えさせられました。この子どもが日常的に示していた、学習に取り組むことの困難さや教職員に対する反抗的な言動は、もちろん、その背景に不注意や多動性・衝動性の問題もあるとは思いますが、それに加えて家族関係のなかで形成された信念体系の歪みの影響も大きかったのだろうと想像させられます。そして、そうした言動には認知処理の特異性や信念体系の歪みを行動様式の歪みへと連鎖させる情緒的な困難（いつまで待っても迎えに来ない不満や見捨てられる恐怖など）が媒介していて、この情緒的な困難に対するケアや支援を行う必要性が高いと考えられます。

　このように、情緒的な困難の理解に基づく見立てをベースにした支援を行う姿勢が重要です。また、こうした理解が教職員全体で共有されるようになれば、具体的にどこに焦点を当てて、どのような支援を行っていけばよいのかをチームで考える素地が形作られていきます。

情緒的な困難をとらえるポイント

 無意識のサインを受け止め、行動の意味を言語化する

　行動 – 情緒の問題をとらえる際、子どもが自分では言語化して共有することができない苦悩を、誰が見ても明らかな形で行動化することによって伝えようという無意識のサインなのだろうと考えてみることで、それまでとは別の視点が生まれます。

　もちろん、意味などない場合もあるかもしれませんが、おそらくそのサインは、応答する誰かが見つかるまで、ラジオ放送の電波のように四方八方に発信され続けます。誰かがそのサインを受け止め、意味のある言動へと翻訳することができれば、それはコミュニケーションへと変化する可能性があります。具体的にいうと、単なる音声でしかなかった赤ちゃんの泣き声に対して、母親が泣き声に含まれる赤ちゃんの苦悩の情緒に共鳴し、世話という形で応答するようになれば、だんだんとその泣き声は期待と信頼を伴って母親へ向けて発信されるようになります。それが非言語の母子間のコミュニケーションへと変化していき、数年後には言語による会話へと発展していくようなイメージです。

　そう考えると、一見、破壊的なだけで無意味に思える暴言や暴力に対しても、まだ輪郭の定まらない何らかの意味や意図が込められたコミュニケーションの萌芽であることを信じて、その子どもの認知処理の特異性や信念体系を加味しながら咀嚼して、

意味の輪郭を見出していくことが期待されます。意味の輪郭を言語化して、子ども自身あるいは支援者間で共有可能なものに翻訳し、コミュニケーション可能なものへと昇華させていけば、暴言や暴力という行為を共感や制御が可能なものへと変えられる余地が生まれます。言い換えれば、殴る・蹴るなどの行為を、「イライラする」「悔しい」「哀しい」といった他者と共有できる言葉に置き換えることができれば、解決策や代替案について考えることができるようになるということです。

 ## 情緒体験を思いやる

　他者から見れば「失敗体験」「無力感」「孤立感」といった概念的理解が可能な体験は、その時その瞬間の当事者にとっては「怒り」「哀しみ」「淋しさ」などの生々しくドロドロとした身体感覚さえ伴う情緒体験です。「認知処理の特異性」から生ずる学びにくさや生きにくさは、そうした生々しい感覚や情緒の蓄積によって織りなされた体験であり、適切に抱え整えられないと「信念体系」を歪めていくことになります。

　例えば、教室で授業中に目にしたことや耳にしたことが意味としての理解につながらないという認知処理の特異性がある子どもは、何も理解できない状況に強い焦りを感じて、必死に追いつこうとしているのに「ちゃんとやりなさい！」と叱られます。「一生懸命やってるのに…」という不満を抱くでしょうし、そもそも「『ちゃんとやる』ってどういう意味？　今自分がやっているのは『ちゃんと』にならないのか？

じゃあ、どういう状態になれば『ちゃんと』になるんだろう…？」と不安や怒りも湧いてくるかもしれません。冷や汗をかいたり動悸が速くなったりもしていることでしょう。

　これはほんの一例に過ぎませんが、こうした状態が何か月も何年も続いていくとしたら、耐えられる人はほとんどいないのではないでしょうか。完全に無気力になるか、必死の抵抗としての暴言や暴力に訴えるしかない気持ちも理解できます。第1章で解説したポジション概念も援用して理解を深めると、こうした日常的な不安や不満などのネガティブな感情がスイッチとなって、被害的な感情を喚起したり、残り少ない自己肯定感を守るために攻撃性を高めたりする、行動−情緒の問題につながっていることが分かります。

4 子どもとの関係を築く

共感と共有からコミュニケーションに基づいた関係

🌸 共感と共有で信頼が生まれる

　教育相談やカウンセリング等で発達障害のある当事者の方と話していて、何よりも一番つらいことだろうと筆者が感じるのは、今まさに感じていることや考えていることについて、周囲の人と共感したり共有したりすることが難しいということです。自分の見たことや聞いたことに心を動かされ、周囲の人と共有したいと思って語りかけたとしても、発達障害の特性ゆえにその興味や感動のポイントが他者とは異なっているため、「はぁ？」「何それ？」「おかしい」といった反応しか返ってこないことが繰り返されていれば、当然、自己肯定感は下がるでしょう。「みんなが言うように自分はおかしいのだろうか？」「生きていてよいのだろうか？」と自信喪失や自己不信に陥る可能性すら生じます。

　私たちの多くは、自分の興味関心や感動を他者と分かち合い「共有する」ことが可能です。「そうだよね？」と同意を求めれば、「そうそう！」「同じ！」という反応が返ってくることが多く、それゆえに「やっぱりそうなんだ！　間違っていない！」と自己肯定感を高めたり、「自分だけじゃないんだ」と安心感を抱いたりすることができます。こう考えると、予防的な視点からは、他者と何かしらを「共有できた」という経験を積み重ねていくことで、信念体系の歪みを最小限にできる可能性が増すということがいえます。そして当然のことながら、「共有する」体験には「共感」が伴いますので、それが人との信頼の絆を築く土台にもなっていきます。

　ただ、発達障害のある子どもの場合、認知処理の特異性も影響して物事のとらえ方や発想がユニークなために、他者が「完全に同じ」ように感じることは難しいこともあります。しかし、「この子どもには、世界がこう見えているんだ」という理解から、子どものユニークな体験に共感したり共有したりすることは可能です。

🌸 「共有」体験の原点

　「共有」体験の原点は乳児期にあり、発達心理学では「共同注意（joint

attention）」という概念でとらえられています。生後9か月頃から示される原初的なコミュニケーションで、指さしの形を取ります。例えば、赤ちゃんが「アァ！アァ！」と声をあげながら指さした対象について、視線を向けた母親が「ワンワンだね」「ブーブーだね」などと言語化して応えるコミュニケーションのことです。赤ちゃんの指さした1つの対象を赤ちゃんと母親とで共有する体験を積み重ねていくことで、自分の意思や意図を表現し、またそれが他者にも共有可能であることを体感していきます。このコミュニケーションが「共感」の土台にもなっていきます。

　また、共同注意と関連した概念に、「情動調律（affect attunement）」（Stern, 1989）があります。これは、「乳児が情動を表現している感覚様式とは異なる様式で反射すること」を通じて、「自分の内的な主観的体験が自分以外の人と共有可能であることを知るよう促進する」役割を果たしています。例えば、乳児の体験した新奇なモノへの出会いに伴う驚きの表情と興奮という情緒体験に合わせて、母親が「わぁ！ビックリしたねえ！　なんだろうねえ！」などと、言葉で、かつ普段よりもワントーン高い声質や音量によって応じ、興奮という情緒体験に輪郭を与えるようなコミュニケーションのことです。

　もちろん、発達障害のある子どもはすでに乳児ではありませんので、必ずしもこうしたコミュニケーションの様式をそのまま援用することが役立つとは限りませんが、情緒的な体験を共有・共感することから他者への期待や信頼感が育まれることを考えれば、子どもの言葉にならない想いをとらえようとする試みは、行動－情緒の問題に支援を行ううえで欠かせない姿勢になるといえます。

学校・教職員に求められるかかわりのポイント

　先述の共感と共有のコミュニケーションは、具体的な教育的支援を行う前段階となるようなかかわり方です。このような乳幼児期の発達にも関連するような土台が揺らいでいることに、発達障害のある子どもの学びにくさや生きにくさの根幹があるのだと筆者は考えています。

　子どもの実態をとらえる際には、どうしても身体的な発達年齢に引きずられてしまいがちですが、身体的には小学生でも情緒的な発達レベルは2歳児や3歳児と変わらないといった場合もあります。実際、巡回相談等で「この中学1年生の生徒の言っ

ていることややっていることは何歳くらいの子どもと同じレベルでしょうか？」と問うと「園児…年中さんか…良くて年長さんくらいですかねぇ」といった答えが返ってくることも少なくありません。中学1年生の教室に年中の幼稚園児が毎日通ってきていると考えれば、すぐに立ち歩いたり、駄々をこねたり、寝てしまったりするのは、ある意味で当然だろうと納得もいきます。知的な発達や身体的な発達とはいったん分けて、情緒的な発達レベルをとらえてみることは、実態を把握したり、支援を考えたりするうえでも役立ちます。

　そして、発達障害のある子どものなかでも、二次的障害、つまり行動−情緒の問題を示す子どもは、共感や共有の体験に基づいた情緒発達の土台が十分に安定していないため、第1章で理解を深めた妄想−分裂ポジションの心的状態に陥りやすい傾向があります。また同時に、愛着形成の問題を抱えていればなおさら、他者とのかかわりにおいて安心感・安全感を得にくいため、少しの刺激であっても恐怖感を喚起してしまう可能性が高くなります。

　その点を踏まえると、支援には基本的な安心感・安全感や信頼関係を築くための時間的な余裕（ここでいう時間は年単位）が必要となり、安心感・安全感を基盤とした関係性、つまり「支配−被支配」という関係性ではなく、「ともにいる心地よさを共有する」経験が積み重なっていく関係性が不可欠となるのだと考えられます。そこで、筆者は行動−情緒の問題を示す子どもとのかかわりを考える際に、特に以下の6点を重要なポイントだと考えます。

①何よりもまず安心感・安全感を優先し、決して焦らない

　教職員やクラスメイトなど周囲の人の些細な言葉や振る舞い、態度、環境の変化等によってすぐに恐怖が喚起され、気持ちを大きく乱したり、被害的な感情を引き起こしたりしやすいので、穏やかに丁寧に接することを心がけます。学齢が上がっていくに従って、恐怖を隠すために暴言や暴力という形で表現することも少なくありません。目に見える行動の背景にある情緒的な困難に焦点を当てることが重要です。また、情緒的な発達は濃密で感情豊かなやり取りを積み重ねる必要があるため、数日や数か月で成し遂げようと焦らないことが大切です。

②他者への基本的な信頼感を築き上げていく

　ポジション概念のところでも説明しましたが、特に行動−情緒の問題を示す子ども
が他者との信頼関係を構築する際には、まず「0 か 100 か」「敵か味方か」という二
極化した関係性から始まります。まずは「100％自分の味方だ」と思える人を見つ
け、少しずつ信頼できる人を増やしていくよう段階を踏むことが求められます。

　同時に、どうしても避けられない不満や不安などのネガティブな情緒を引き受けて
くれる「悪役」が必要になる場合もあります。例えば、心的状態が妄想−分裂ポジ
ションにあるときには、一人の人のなかに良い面と悪い面の両方があることを認める
ことが難しい心理状態になります。厳しい叱責や指導を口にする教職員と優しい慰め
や励ましを口にする教職員が同一人物であることに耐えられないので、この 2 つの
役割機能を分けること（例えば、担任と養護教諭、担任と支援員、担任と管理職等）
が必要になるかもしれません。

③言葉にできない情緒体験をとらえて、言語化してその体験の
輪郭を描いていく

　これまで述べてきた認知処理の特異性、ポジション概念、愛着形成の問題、家族の
文化等を念頭におきながら、丁寧かつ詳細な観察を通して、行動−情緒の問題を示す
子どもが体験していることをその子どもの文脈や家族の文脈からとらえ直してみま
す。「この子には世界がどのように見えて、聞こえているのだろうか？」という視点
で言動の意味を考え、その時その場に空気のように漂っているその子どもの情緒体験
をとらえることに努めます。ちょうどこれは、乳児の目にはその世界がどのように
映っていて、どのような体験をしているのかと想像している母親のような態度と同質
のものだといえるかもしれません。

　そして、情緒体験をとらえたら、言語化して共有していくことが重要です。この点
においても、母親の行っていることと同質のものでしょう。子どもが自分では何だか
分からないモヤモヤした気持ち、腹部の辺りの痛みや熱さを体験しているときに、教
職員が「〇〇と言われて、とても腹が立って怒っているんだろうね」と言語化して輪
郭を描き続けることが、子どもにとって暴言や暴力の行動レベルで垂れ流しになって

いた情緒が「そうだよ！　すごくムカついたんだよ！」と言葉に置き換わることを促します。

　ただ、ここで一点注意しておきたいことがあります。それは、子どもの認知処理の特異性や信念体系によっては、直接的に情緒の輪郭を描くはたらきかけが、侵入的－侵襲的にとらえられる場合もあるということです。「テレパシーで自分の心のうちを盗み見られた」「体験や記憶を奪われた」「土足で心のうちに踏み込まれた」というように、子どもに共感・共有するつもりが逆に脅威を与えてしまう危険性も理解しておく必要があります。その場合には、精神分析学では「記述的解釈」（Alvarez, 2017）といって、情緒ではなく行為をそのままなぞるように言語化する（「笑っている」「怒っている」など）だけにとどめる段階から始めることが重要です。表面的な接触から、だんだんと内奥への接触に深めていくイメージです。

④情緒の輪郭を描き続けて、思考の道具となる言語を育てていく

　行動－情緒の問題を示す子どもは、興奮や混乱の最中に感じる苦痛を自分に対する罰や報復、敵意ととらえやすい傾向にあります。③とも関連してきますが、教職員には、子どもがたとえ反抗しても苦痛を受け止めてくれるだろうと思えるような態度・雰囲気を作ること、また、子どもと忍耐強く「対話」して気持ちと理解のねじれをほ

ぐしていき、自分理解へと導くかかわりをもつことが求められます。

　ここで重要なのは、幅広い知識や語彙をもっているかどうかではなく、それらが考えるための道具として機能しているかどうかということです。例えば、ASD 特性のある子どもは大人顔負けの知識や語彙を蓄えている場合もありますが、特に情緒体験を言語でとらえることができるかどうかは、単なる語彙力では測れません。知能検査等で言語能力が高かったという結果に惑わされないことも重要です。

⑤抱え整えられない情緒を引き受けながら、ネガティブな情緒に圧倒されない方法を身につけられるよう促す

　行動−情緒の問題を示している子どもは、大人に話を聴いてもらったりなだめてもらったりして感情をコントロールすることが苦手で、なおかつ恐怖や不安、痛みなどがすぐに怒りあるいは暴言や暴力に置き換わりやすい傾向があります。そのことを理解したうえで、トラブルの際には文脈の理解や互いの意思や意図の説明等を丁寧に行ったり、クールダウンできる時間や空間を提供したりすることが必要です。

　そして、不安や不満などの情緒的な圧力が高まった状態から、圧力を下げる具体的な方法を模索していきます。筆者の出会った事例では、高まった情緒的な圧力を下げるために「とにかくしゃべる」子どもがいました。授業中に不安や不満が高まると、どうしてもしゃべらずにはいられなくなるので、授業者やクラスメイトから「うるさい！」「静かにして！」などの注意が与えられます。そうすると、ますます情緒的な圧力が高まるので、余計にしゃべらずにはいられなくなるという悪循環に陥っていたのでした。この場合、「しゃべる」以外のレパートリーを身につけられるよう支援することが期待されます。

⑥学習面や生活面での具体的な支援へとステップアップする

　こうした①〜⑤のポイントを、学級集団のなかで担任のみが行うことは現実的ではありません。校内の支援体制や医療、福祉等の外部資源との連携による「集団での学び」と、通級指導等を活用した「個別での学び」とをバランス良く組み合わせて支援していくことが重要です。情緒面での発達促進の段階から始めて、学習面での支援や

配慮のカスタマイズを行ったり、生活面で必要となるソーシャルスキルやライフスキルを身につけたりするなど、少しずつ具体的な支援へとステップアップしていくことが期待されます。具体的な支援については「6　支援する」でとりあげます。

家族との関係を築く

　家庭の文化が子どもに与える影響の大きさや、共感と共有のコミュニケーションという点においても、乳幼児期からの親子の信頼の積み重ねが情緒発達に大きな影響を与えていることについては、すでに述べたとおりです。特に学齢が低いほど、家族の現在進行形の日々のかかわりや家庭の文化が、子どもの内奥にある信念体系の形成・維持に直接的に影響を与えます。そのため、行動−情緒の問題を示している子どもに対する支援や指導において、家族と協働する姿勢は必要不可欠なものとなります。

　このことは学校現場でも常々理解しつつ難しさを感じている点かと思います。残念ながら、話し合えば協働できるということばかりではなく、学校と家庭が対立関係になってしまう事例も少なくありません。二次的障害、行動−情緒の問題を示している事例の多くには、家庭に特有の文化や文脈があったり、愛着形成の面で困難が生じたりしていることもあります（ただし、愛着形成の説明のなかでもふれたとおり、だからといって「親が悪い」というわけではありません）。

　家庭と協働した支援体制を築くために押さえておきたいと筆者が考えるポイントは、以下の4つです。

①保護者が協力的か非協力的（攻撃的）かを見立てる

　家庭の文化のところでもふれたように、保護者や家族の物語があり、それが保護者や本人が学校や教職員に対して抱く信頼感や不信感にも影響を与えています。また、保護者であっても、我が子の育ちに対する不安や恐怖を抱くことがありますし、保護者自身の愛着形成の問題が絡んで、そうした不安や恐怖を適切にコントロールできなくなる場合もあります。そうなると、心的状態は妄想−分裂ポジションに陥り、被害感が高まって言動が攻撃的になることも考えられます。

　家庭の協力が得られないと、子どもへの支援は困難になりますが、「家庭が協力的でない」と判断して終わりにするのではなく、協力的でないことの背景や理由をとらえながら信頼関係を築く努力が求められます。場合によっては、子どもへの支援よりも、保護者への支援を優先する必要がある事例も少なくありません。また、医療や福祉などの専門家・専門機関との連携が必要なこともあります。

②保護者にも認知処理の特異性がある可能性を考慮する

　発達障害は脳器質に由来するものであることを考えると、子どもの発達障害には保護者からの遺伝的要因が影響している可能性もあります。保護者が子どもだった頃には、まだ発達障害という概念が存在していなかったということも想定されますので、診断を受けていなくても、実は保護者にも「認知処理の特異性」が示されている事例もあり得ます。診断等を勧めるかどうかは別として、聴いて理解する力や見て理解する力の実態をとらえて、必要な説明や理解をどのように提供するのかを工夫することで、円滑な協働関係の形成を目指します。

③保護者の障害認識・障害受容の程度を理解する

　家庭との協働関係を築くうえで難しい問題として、保護者がどの程度我が子の障害に対する認識や受容ができているのかを把握しなければならないということがあります。「我が子が発達障害かもしれない」という認識がまったくない保護者に対して障害のある可能性を伝えることは、非常に勇気のいることです。保護者にとってはつらく酷なことだと想像でき、事実を受け止めきれない可能性もあるため、できれば避けたいと考えることは当然です。

　ただ、保護者の受容の有無や程度によって、家庭での子どもに対する言葉やはたらきかけにはさまざまな違いが生まれます。例えば、読み書き障害のある我が子に「もっと頑張れ！　努力が足りない！」と励ましや叱責を続ければ、やがて二次的障害へと発展するリスクが高まります。そうしたリスクを考えると、保護者が我が子の障害に対する認識をもったり受容したりすることを促すはたらきかけは必要ですが、必ずしも学校で教職員が伝えるべきとは限らないので、誰がいつ話題にするかはケースバイケースで慎重に判断していく必要があります。そのため、複数の専門家や専門機関との連携も重要になってきます。

　また、学校で発達障害の可能性について話題にしなければならないときには、「子ども本人が困っている」ことを中心に保護者と話し合いをしていくことが必要です。教職員が心配している、クラスメイトが困っているという点から話を進めてしまう

と、保護者は「我が子を障害児扱いした」「障害に向き合うことを強要された」「圧力をかけられた」と感じやすいので、妄想−分裂ポジションに入りやすくなってしまい、教職員との信頼関係が損なわれます。

　伝える教職員側も苦しいので、なんとかして一度でも伝えれば「分かったはず」と思いたくなりますが、保護者からすれば「頭では理解できても気持ちが追いつかない」ことは多々あります。子どもの状態に合わせながら、繰り返し話し合いの場を設けていくことも必要になります。また、障害を受容していく過程においては、大なり小なり気持ちの動揺が必ず伴いますので、しっかりとした保護者支援を行っていく体制も必要になります。

④世代間葛藤とキーパーソン

　よくあることとして、我が子に障害があることを母親は受けいれられても父親は受けいれられない（あるいはその逆も）ことがあります。また、祖父母との同居世帯では、世代間で障害受容を巡る考え方や意識のギャップが大きい場合もあります。例えば、「あの子（夫）も子どもの頃に同じだったから心配ない」と義母から言われた母親は、立場上反論したり意見したりすることが難しいこともあります。また別の例として、保護者が仕事に多忙で子育てにあまり関与できず、家事全般を含めた実質的な保護者の役割を祖父や祖母が担っているということも少なくありません。ひとり親家庭で経済的な基盤を一人で支えている事例でも、同居の有無にかかわらず祖父母の担う役割が大きくなります。さらには、保護者に心身の疾患等があって家事や子育てが現実的に困難であるといった事例も多くあります。

　このような場合、家庭との協働関係を築いたり、障害の受容を促したりする際に起点となるキーパーソンが誰なのかを考えてみることも必要となります。場合によっては家族以外にキーパーソンが存在する場合もありますので、地域コミュニティも含めた支援のネットワークを広げておくことや情報共有できるシステムを作っておくことが重要となります。

6 支援する

　ここまで5つのステップを進んできたことで、行動上の問題としては同じものに見えても、子ども一人ひとりにユニークな（固有の）実態があることが理解できたと思います。そして、実際の支援は、この5つのステップを通してとらえた実態を踏まえたうえで、さらに一人ひとりの認知特性に合わせた支援を加えていくことが求められます。

　現在では、発達障害の認知処理の特異性に合わせた支援のスタンダードとも呼べる支援方法や教材・教具などがたくさん世の中に出回っていますが、5つのステップでとらえた歪みの連鎖に合わせて、支援をカスタマイズしていくことが重要です。第3章では、仮想事例を通じてカスタマイズの具体例を見ていきますが、ここ第2章の最後では、カスタマイズをより有効に行うための基礎として、スタンダードな例を学びます。

各障害に対する具体的な支援と配慮の例

ASDに対する支援や配慮の例

●視覚支援

　一般的に視覚情報（文字やイラスト）をとらえることが得意で、聴覚情報（音声）をとらえることが苦手な傾向があるため、学習や学校生活の全般にわたって文字やイラスト、視聴覚教材等を活用した視覚支援が有効です。

●具体的な説明・指示

　言葉が文脈や場面と結びついていない場合、ワーキングメモリ（聴覚的な短期記憶）の弱さを伴う場合などに対しては、一度に伝える情報量を少なく、シンプルかつ具体的にする必要があります。「○○はダメ」などの禁止は理解しづらく、どうしたらよいのかが分からずに混乱してしまいます。「△△してほしい」「××するとよい」など望ましい行動やすべき行動を指示することで、混乱を避けられます。

●見通しとルーティン

　臨機応変かつ柔軟に思考や行動を切り替えることが難しい場合には、可能な範囲で変更点（日付、曜日や時刻、かかわる人など）を事前に説明し同意を得ることができ

ると、混乱が起きにくくなります。学校では時間割を急に変更したり、週によって時間割を変更したりすると混乱しやすいので、分かる範囲で先の見通しを事前に伝えておくことや、学習（例えば時間割や毎回の授業の展開等）や学校生活にかかわることがルーティン化されていることで、安心して過ごすことができます。

◉感覚過敏・鈍麻の対処と理解

　感覚過敏や鈍麻については体質なので変えることは難しいですが、対処できる可能性は十分にあります。聴覚過敏にはノイズキャンセリング機能のあるイヤホンを装着したり、視覚過敏にはレンズに色のついた眼鏡を装着したりして対処することができます。そして、何よりも大切なのは、自分は体質的な感覚過敏があって、クラスメイトよりも「耳が良すぎる」「目が良すぎる」のだという自分理解を促していくことだと筆者は考えています。感覚過敏は疲労しやすさにもつながりますので、その点について理解を共有しておくことも重要です。

◉主体性の支援

　主体的に何かを決めることが難しい場合、まずは選択肢を用意するところから始めて、最終的には主体的に本人が選択・決定できるように段階的に支援していくことが重要です。この点は思春期以降になると特に重要で、進路選択や職業選択等の重要な選択や決定を他人任せにしてしまう可能性があります。また「指示されればできるけれど、自分からは主体的に動けない」となると、仕事をするうえでも支障が生じます。学齢期から段階的に主体性を養っていくことが大変重要です。

第2章　行動-情緒の問題を解決する6つのステップ

ADHD に対する支援や配慮

●聞いたことを覚えておけるようにする

　聴覚的あるいは視覚的な（あるいは双方の）ワーキングメモリが弱い特性があり、「聞いたつもり」「見たつもり」が多いので、口頭での説明（音声言語による聴覚情報）に加えて、メモやカードに書き起こす、説明書（文字やイラストなどによる視覚情報）を用意するなどして、聞いたことを後からでも目で見て確認できるような工夫が有効です。最近ではICT機器等に備わったリマインダーを活用し、時間や約束等の自己管理を支援することが可能になってきました。

　不注意や短期記憶の弱さによるうっかりミス（日時の間違いや遅刻、忘れ物等）には、自己管理シートやチェックリストなどを用意して、自分で予防できたときにしっかりと褒めることで、セルフマネジメント能力を高めていくような支援が重要になります。

●落ち着いた環境を設定する

　音や光、においや触覚など、さまざまな刺激に過剰に反応してしまう特性があるので、学習は可能な限り刺激の少ない落ち着いた環境で取り組めるよう配慮することが求められます。例えば、可能な範囲で環境音を排除したり、視界に入ってしまう人やモノの動きを減らしたりする工夫や配慮が必要となりますが、これはすでにASD特性への支援例で示した方法と同様のものです。

●クールダウンの時間や場所を設定する

　多動性・衝動性が顕著な場合、学校での長時間にわたる課題や活動などの際は適宜休憩を入れたり、席を立って動き回ってもよい時間を設けたりすることが有効です。また、所要時間の見通しを伝えると本人なりに我慢する努力をしやすくなります。

　例えば、タイムスケジュールを図やイラストにして見通しを「見える化」したり、「ほかの人の答えも見てみよう」「チョークが足りないから職員室から取ってきてほしいな」などと動いてもよい理由を与えたりすることで、イライラを爆発させて授業中に暴れることを回避できる可能性があります。何が何でもじっと座っていることを強要し続け、暴言や暴力に発展させてしまうことよりも、クールダウンの時間や場所を与えて、トラブルを回避できた成功体験を積み上げるほうが、行動−情緒の問題を予防するのに効果的です。

継次処理を促す

短期記憶の弱さや同時処理の難しさがある場合、伝えるべきことは最小限に絞り、「○○しながら△△する」同時処理ではなく、聞くだけ、話すだけ、書くだけなど一度に1つの行為に絞った継次処理を促すことなどが有効だと考えられます。

LD に対する支援や配慮

可能な限り早期に LD の実態を把握して、指導や支援を開始する必要があります。学習に対する無力感や絶望感から暴言や暴力などの対人関係面で派手なトラブルへと発展してしまうと、教職員の意識がそちらへ向いてしまい、実は学習面の苦しさからそうしたトラブルが生まれているのだということに気づくのが遅れてしまう可能性もあります。

考えられる具体的な支援としては、教科書や資料集、配付するプリント類には、漢字や英単語には読み方を併記し、内容をつかめるようイラストなどをつけることで、読みやすさが向上し、書かれた内容の意味理解を促すことができます。また、文字や記号の細部を見落としやすかったり、異同を判別することが難しかったりする場合には、フォントに「ユニバーサル・デザイン・フォント（UD 書体）」を用いたり、文字の大きさを読みやすいものにしたり、行間や余白、罫線の有無等に工夫したプリント類などを用意したりすると、読みやすさや書き写しやすさが向上する可能性があります。

　さらに、プリントなどの背景の色と文字の色とのコントラスト（配色）を本人の見やすいものへ変更したり、プリント類の1ページあるいは1枚に載せる情報量を調整したりすることでも取り組みやすくなります。それでも読むことが困難な場合には、文章等を読み上げて理解を促したり、どうしても書けない場合には、口頭で解答したものを教職員が書き取って理解度を見たりする支援も求められます。

　また、書字のテストでとめ、はね、はらいなどの細部の間違いについては0点ではなく部分点を与えるなど、子どもの学習意欲の低下を防ぐ配慮も必要になります。

●ICT機器の活用

　近年、ディスレクシアをはじめとした学習上の困難を示す子どもに対しては、ICT機器を用いた指導が有効であることも分かってきています。例えば、国語の読みの学習では、読むべき文章の文字を拡大したり、一度に提示する量を変えたり、一行ずつ色を反転させたり、文章を音声化して聞かせたりすることで、教科書に書かれた内容を理解することが可能になる場合も多いです。

　また、黒板に書かれた文字を書き写すことにも大変な時間と労力を要するため、場合によっては、ICT機器に備わったカメラ機能を活用して黒板の写真を撮って、休み時間や家庭などで時間のあるときに自分のペースでノートに書き写すようにしたり、ICレコーダーなどで授業内容を録音して後で聞き直したりするなど、書字以外の手段でも子ども自身が繰り返し学習可能な形で内容を理解していくための工夫が考えられます。こうした教材や教具のカスタマイズにICT機器等を活用することで、教職員の負担を減らすこともできます。

　ただし、こうした機器を通常学級で使用する際には、クラスメイトが「特別扱いだ」と誤解して、機器を使用している子どもを非難したりからかったりすることも想

定されるため、その子どもにとっては眼鏡や補聴器、車いすのように学習や生活をするうえで必要な道具であるということを十分に説明し、機器の使用を自然に受け入れられるような学級の雰囲気づくりに留意する必要があります。

困りごとの背景の共有

　行動−情緒の問題を俯瞰してみることで新たな視点を見出し、それを個々の教職員で閉じることなく、組織全体で共有していくことが必要です。発達障害のある子ども一人ひとりの困難に対する、共感と共有のコミュニケーションを校内組織全体に広げていき、組織的な共感性を高めていくことが期待されます。

　そのためには、常日頃から教職員間（同僚間）の良好な関係性を築いておくことが重要であり、教職員個々の現実的な余裕（時間や仕事量等）と心理的な余裕を保つことが不可欠です。

関係機関との連携

　発達障害のなかでも ADHD は、服薬によって多動性や衝動性を軽減できる場合もあります。すでに医療機関でそうしたケアを受けている際には、やはり医師等との連携が不可欠です。学校や家庭における多動や衝動の状態、具体的に困っている点を適切に伝えることで、服薬の量やタイミングなどを調整することが可能となります。

　また、ADHD 以外にも、二次的障害が激しく現れていて、わずかな刺激でも興奮しやすくなっていたり、被害的な言動が強くなっていたりする際には、一時的に精神科医療のケアが有効な場合も少なくありません。さらに、思春期以降になると併存障害としての精神疾患などの発症リスクが高まり、行動上の問題が発達障害の二次的障害と精神疾患のどちらから生じているものなのか、医療の専門家でないと判別が難しくなる場合もあります。そうした点からも医療機関との連携は必要です。

　さらに、家庭的な背景や養育環境などから愛着形成の困難や愛着障害の疑いがある場合には、福祉機関や保健機関との連携も重要となります。複雑な家庭の問題への介入には、学校よりもソーシャルワーカーや保健師といった専門家のほうがより適している場合もあります。学校で過ごす時間以外にも何らかの困難や心配が想定される場

合には、こうした専門家との連携と情報共有が支援の起点となることも少なくありません。

　また、外部の専門機関に相談することへの抵抗感や不安感が高い場合には、まず学校内の専門家（スクールカウンセラー、スクールソーシャルワーカーなど）に相談してみることで、適切な助言を受けたり、相談することへの抵抗感や不安感を軽減したりすることもできます。

　対応が困難だと思われるケースほど、多様な視点で理解を深めていき、効果的なアプローチを模索することが求められますので、学校内外の専門的な資源を活用することが期待されます。

参考文献

- ●アン・アルヴァレズ、脇谷順子監訳『子どものこころの生きた理解に向けて―発達障害・被虐待児との心理療法の３つのレベル』金剛出版、2017 年
- ●一般財団法人特別支援教育士資格認定協会編、竹田契一・上野一彦・花熊暁監修、上野一彦・宮本信也・柘植雅義責任編集「S. E. N. S 養成セミナー　特別支援教育の理論と実践　I 概論・アセスメント　第２版」金剛出版、2012 年
- ●一般財団法人特別支援教育士資格認定協会編、竹田契一・上野一彦・花熊暁監修、竹田契一・花熊暁・熊谷恵子責任編集「S. E. N. S 養成セミナー　特別支援教育の理論と実践　II 指導　第２版」金剛出版、2012 年
- ●学習障害及びこれに類似する学習上の困難を有する児童生徒の指導方法に関する調査研究協力者会議「学習障害児に対する指導について（報告）」文部科学省、1999 年
- ●ダニエル・N・スターン、小此木啓吾・丸田俊彦監訳、神庭靖子・神庭重信訳『乳児の対人世界　理論編』岩崎学術出版社、1989 年
- ●日本精神神経学会監修、高橋三郎・大野裕監訳『DSM-5 精神疾患の診断・統計マニュアル』医学書院、2014 年
- ●丸田俊彦・森さち子『間主観性の軌跡―治療プロセス理論と症例のアーティキュレーション』岩崎学術出版社、2006 年
- ●文部科学省初等中等教育局特別支援教育課「通常の学級に在籍する特別な教育的支援を必要とする児童生徒に関する調査結果」2022 年
- ●ローナ・ウイング、久保紘章・佐々木正美・清水康夫監訳『自閉症スペクトル―親と専門家のためのガイドブック』東京書籍、1998 年

発達障害のある子どもの「自立」とは

発達障害のある子どもに対する支援において重要なことは、学習面への支援だけでなく、将来を見据えた社会生活への適応のための支援も行うことです。具体的には、本人が自分の「生きにくさ」とはどのようなもので、自分ができること、できないことはどのようなことなのか、どのような支援を得られれば自分の強みを十分に発揮できるのかを考えられるようにする「自分理解」の支援です。また、当事者にしか分からない不安や不便と向き合っていけるよう「生活スタイルや環境のカスタマイズ」の支援も重要になります。

ただ、「自分理解」は、他者とのかかわりのなかでしか育まれません。さまざまな場面や文脈のなかで自分と他者との似通った面や違った面を知り、また他者との摩擦や共感・共有を通して自分を知っていく過程が必要です。そうした点で、発達障害のある子どもたちは、他者とのほど良い距離感を身につけられるように支援することが重要になります。他者との摩擦によって心が完全にすり減ってしてしまったり、摩擦を恐れて心を閉ざしてしまったりすることのないように、ほど良く心地良い他者との距離感を積み上げていく支援者との関係性が自分理解につながっていきます。

障害そのものは一生涯続きます。従来の障害児教育における「自立」では、基本的な日常生活動作、学習や就労にかかわる多くの事柄を「自分一人でできるようになる」ことを目指していましたが、発達障害のある子どもの「自立」は何でも「自分一人でできるようになる」ことだけではなく、家族や友人をはじめとした周囲の人たち、あるいは専門家から必要なサポートを「自ら引き出す」ことができるようになることも自立の一つの形になるのだということを、支援者側が理解しておくことがポイントです。広く浅くでも狭く深くでも良いので、誰かとの心地良い接点を保ち続けられるような環境作りを行うことが、巡り巡って将来の自立へとつながっていきます。

以上のような点を踏まえると、障害の有無にかかわらないことではありますが、重要なのは、日常の嫌なことを忘れて没頭できる楽しみなモノやコト、ほっと一息つける安心・安全な自分の「居場所」を通じて、他者とつながることです。周囲の同世代の子どもたちとは目のつけ所が違っていることも多く、趣味趣向という点でややマニアックなものに惹きつけられる子どもも少なくありません。共通の趣味などを通じて家庭以外で自分の居場所を見つけることができると、社会との接点を保った自立につながりそうです。

第 **3** 章

行動−情緒の問題を
解決する 10 事例

　実際の学校現場等でよく出会う、発達障害のある子どもの認知処理の特異性から始まる歪みの連鎖について、仮想事例を通じて理解を深めていきます。6 つのステップを踏んでいくことで、子どもの抱える情緒的な困難をとらえ、具体的な支援へとつなげる過程を明確にしていきます。同じように見える行動上の問題でも、視点を変えてみるとさまざまなとらえ方ができるようになり、子どもの学びにくさや生きにくさへの理解がいっそう深まります。

事例の読み方

　第3章では、第2章で示した6つのステップを実際の支援でどのように展開すればよいか、事例をもとに理解を深めましょう。

　まずは、事例における「歪みの連鎖」を表した図と「事例概要」で、事例の全体像をとらえます。

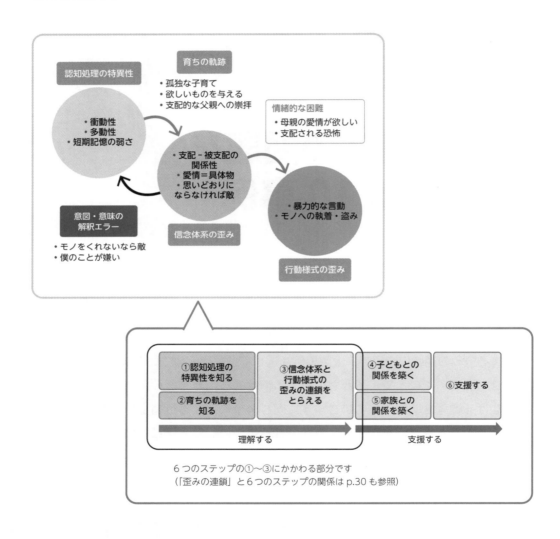

6つのステップの①〜③にかかわる部分です
（「歪みの連鎖」と6つのステップの関係は p.30 も参照）

　図から事例の子どもに見られる「認知処理の特異性」と「育ちの軌跡」をとらえ、「信念体系の歪み」から「行動様式の歪み」への連鎖と、連鎖を媒介する「情緒的な困難」をイメージしたうえで、事例概要を読んでいきましょう。

　なお、本書の事例は筆者の経験をもとにした仮想事例です。

　「①認知処理の特異性を知る」では、発達障害の認知処理の特異性について取り上げ、事例に示される具体的な行動からどのような特性が見立てられるかを解説します。

　「②育ちの軌跡を知る」では、信念体系の歪みにつながったとみられる養育環境、対人経験などを取り上げます。

　「③信念体系と行動様式の歪みの連鎖をとらえる」では、①と②から形成された信念体系の歪みと、そこから情緒的な困難が生まれ、行動様式の歪みへと連鎖していった様子を解説します。特に「情緒的な困難」が読み取れる部分には、下線を引いてあります。「情緒的な困難」に注目して、事例の子どもに対する「特性理解」だけでなく「人間理解」を深めてみましょう。

　「④子どもとの関係を築く」では、①～③で歪みの連鎖をとらえ、子どもの人間理解を深めたうえで、支援の起点となる子どもとの信頼関係を築くためにどのようにかかわればよいのか、そのポイントを示します。

　「⑤家族との関係を築く」では、子どもの支援を支える土台にしたい、家族背景の理解やかかわり方の例を示します。

　「⑥支援する」では、それぞれの子どもに応じた具体的な支援策について、主に学校で取り組みたいものとして典型的な実践例を示します。

　事例解説では、第1章や第2章で解説した、支援に重要な視点やキーワードが出てきます。事例をより深く読み込むために、第1章や第2章を振り返る際には、側注の参照ページをヒントにしてください。

第**3**章　行動−情緒の問題を解決する10事例

1 モノに執着する子ども

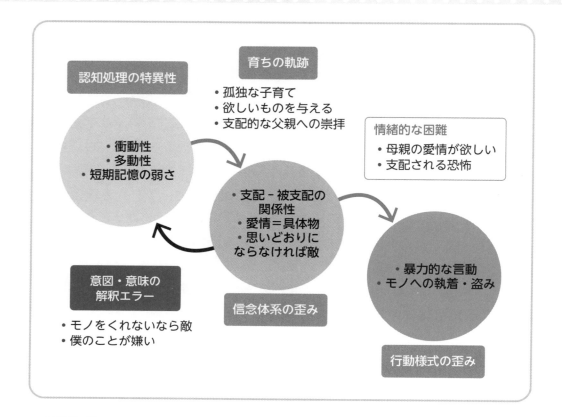

認知処理の特異性
・衝動性
・多動性
・短期記憶の弱さ

育ちの軌跡
・孤独な子育て
・欲しいものを与える
・支配的な父親への崇拝

情緒的な困難
・母親の愛情が欲しい
・支配される恐怖

信念体系の歪み
・支配 - 被支配の関係性
・愛情＝具体物
・思いどおりにならなければ敵

意図・意味の解釈エラー
・モノをくれないなら敵
・僕のことが嫌い

行動様式の歪み
・暴力的な言動
・モノへの執着・盗み

事例概要

　小学校2年生のまさひろくんは、日常的に「死ね」「殺す」などの暴言があり、いったん怒りのスイッチが入ってしまうと、相手が大人であっても暴力をふるうので、クラスメイトからは恐れられている存在でした。加えて、担任の先生を悩ませていたのは、クラスメイトの文房具等を盗んだり、地域のコンビニエンスストアなどで万引きしたりしてしまうことでした。お母さんは一人で子育てをしており、家庭でも同様に暴言や暴力が絶えないまさひろくんに「帰ってくる足音を聞くだけでゾッとする」と口にしてしまうほど、子育てに疲れ切っていました。学校から勧められた医療機関も受診し、注意欠如・多動性障害（ADHD）と「愛着障害の疑い」という所見が出されていました。

　学習面では、教科による得意・不得意も示されていて、算数の計算問題には特に困

難が生じていました。繰り上がりや繰り下がりが苦手で、担任の先生が取り組ませようと促すといら立ち、教室を飛び出すこともありました。

　投薬によるADHDへのケアは試されていましたが、「盗み」が改善しないなか、まさひろくんとお母さんは筆者の元を訪れました。母子別室での相談を進めていき、筆者はまさひろくんとプレイルームでかかわりを続けましたが、一対一で楽しく過ごす分には、暴力的な言動は出ませんでした。ただ、特徴的だったことは、プレイルーム内をうろつき回ること、1つの遊びに集中する時間が短く次々と遊びが変わっていくこと、プレイルームに置いてあるミニカーや人形、サッカーボールなど、あらゆる玩具を持って帰りたがることでした。

　機嫌良く遊んでいると、まさひろくんは「オレ、これ持ってないんだよなぁ…ちょうだい！」「ね、いいでしょ？」とおねだりを始めます。そこで筆者が「そのおもちゃはこの部屋を使っているみんなのモノだから、あげるわけにはいかないんだよ」と説明すると、表情と態度が一変して凶暴になります。「てめぇ！　ふざけんじゃねえよ！」と怒りをあらわにして、室内にあったボールを筆者に向けて、思い切り投げたり蹴ったりしてきます。数分間、飛んでくるボールを避けながら黙って見守っていると、次第にまさひろくんは落ち着いてきます。そして、先ほどのことは忘れたかのように、再び機嫌良く遊び始めます。こうしたことが毎回繰り返されました。

　そのほかにも、室内にアリやダンゴムシなどの虫が侵入してくると、まさひろくんは「怖い！　こっちに来るな！」と叫びながら、必死の形相で踏み潰し続けます。無意識のうちに大便を漏らしてしまっても、それが自分のものだとは認識できません。プレイルームに落ちている自分の大便を見て「誰の？オレのじゃないよ？」「怖いから早く拭いて！」と叫びます。

ちょうだい！

1 認知処理の特異性を知る

● 多動性

　プレイルーム内をうろつき回ったり、1つの遊びに集中する時間が短く次々と遊びが変わったりするという行動[1] から見立てられます。

1
じっとしている
ことが難しい：
p.40

● 衝動性

　いったん怒りのスイッチが入ってしまうと、相手が大人であっても暴力をふるってしまう、思いどおりにならないと暴言を吐く、欲しいものがあると後先考えずに盗んでしまう、という行動から見立てられます。

● 短期記憶の弱さ

　繰り上がりや繰り下がりのある計算問題のように、頭のなかで「音にした数字」の順番を入れ替えたり分解・合成したりする操作を行うことが苦手という点[2] から見立てられます。

2
短期記憶が弱
い・同時処理が
難しい：p.40

2 育ちの軌跡を知る

● 母親の孤独な子育て

　お母さんは、まさひろくんの2歳下の妹が生まれて間もなく離婚しました。近くに実家や親戚等もなく、一人で子育てをしていました。ただ、お母さんはお父さんに求められるままに、子どもたちを連れて頻繁にお父さんと会ったり、まさひろくんだけ泊まりに行かせたりしていました。

● 欲しいものを与えてコントロール

　お母さんは乳幼児期から多動性や衝動性等を示すまさひろくんへの対応に疲れ切っており、情緒的なかかわりをもたず、まさひろくんの欲しいものを与えることで行動をコントロールしてきました。

　お母さんには反発することばかりのまさひろくんですが、実はお母さんのことが大好きで頼りにもしています。暗い所が怖いので、寝ている間は手を

握ってもらったり、夜中にトイレに行くときにはついてきてもらったりしています。また、自分が見捨てられてしまうことへの強い恐怖を常に抱いており、お父さんの家へ泊まりに行くことにも激しい抵抗を示していました。

● 支配的な父親

離婚したお父さんは、まさひろくんとよく似たタイプで、カッとなるとすぐに暴言や暴力が出てしまい、時にはお母さんに対してもそうした言動がありました。まさひろくんはお父さんのことをとても怖がっているのですが、同時に、お母さんや周囲の人を意のままに従わせている「強いお父さん」を崇拝している様子も見られ、お父さんの言動をよく真似していました。

信念体系と行動様式の歪みの連鎖をとらえる

● 暴力的な言動

まさひろくんの暴力的な言動には、ADHD の特性である衝動性と、「強いお父さん」への崇拝が関係していました。実際の父親像をモデルに男の子になろうとしている姿は、他者とのかかわりを通して成長していく可能性を示していますが、「男か女か」という極端な区別しか存在していないことが予測され、社会性という点では、モデルとして適切でない側面を取りいれてしまったようでした。

お父さんのお母さんに対する振る舞いを真似ることで、<u>お父さんのようにお母さんを独占・支配したい気持ち</u>を表現しているようです。表面的な特徴だけをとらえてしまう特性も関連していると考えられますが、親と子、あるいは大人と子どもといった関係性の多重性や複雑さが、いまだに理解できておらず、まさひろくん自身とお母さんとの情緒的なかかわりが不足し、ご両親の「支配−被支配」のつながり方しかモデルがなかったために、安心・安全に基づく心地良いつながり方が分からないのだと考えられます。

● モノへの執着

　プレイルームの玩具を持って帰りたがるまさひろくんですが、**執着しているのは「物そのもの」ではなく、実は目に見えない「愛情」や「信頼」、情緒的な絆**だったのだと思います。情緒発達の未熟な段階では、目に見えないモノよりも形や大きさがあり触れられるモノが愛情と等価になりやすいのですが、主に親子の間に通う情緒のつながりを基盤として、だんだんと具体物から、微笑みなどの表情や励ましの言葉等の象徴（シンボル）へと形が変わっていきます[3]。乳幼児期から子育ての困難さがあり、お母さんがまさひろくんの欲しいモノを与えてまさひろくんをコントロールしてきたことで、「愛情＝具体物をもらえること」と誤解をしてしまったようです。まさひろくんはお母さんから与えてもらいたい愛情をモノに置き換えたり、握った手の感触等からしか実感できなかったりする段階なのだと推測されます。

　また、自分の持っていない文房具等を目にするとクラスメイトから横取りせずにはいられないという背景には、ADHD の特性である衝動性もありますが、そもそもの出発点として**「自分には何かが足りない」という感覚**が常に心のうちにあるのだと推測されます。それは**お母さんの愛情という目には見えない絆**なのですが、ここでもまさひろくんには、それが「足りないモノ」として置き換えられてしまう傾向にあることが理解できます。

● 恐怖心

　自分の大便やプレイルームに侵入してくる虫、暗い場所に対して恐怖を訴える様子からは、まさひろくんのなかにあって自分で処理できない怒りや不満の塊が自身から漏れ出ては、目にするさまざまなモノに映し出されているのだろうと予測されました。プレイルームで思いどおりにならないことが起こり、大便が漏れ出たことは、ある意味では象徴的です。心的なレベルで生じた怒りや不安を大便という具体物で排除する（自分のなかから追い出す）ことで、気持ちは安定しますが、それゆえに、大便はまさひろくんの「怒りの塊」なので「怖い」モノとして目に映るのでしょう。あるいは、自分の支配の及ばないものが目の前に現れると、今度は**自分が支配される恐怖に圧倒されてしまう**のだろうと考えられます。

3
「愛着」とは：
p.23

　どうやらまさひろくんにとって、自分の意思でコントロールできない対象は、全て害意のある敵で、恐怖を喚起させるようでした。<u>自分の思いどおりに周りの人や事態が動かないと、無力感や哀しさよりも恐怖を感じる</u>傾向にあるのだと理解できました。これは妄想–分裂ポジション[4]における迫害的な情緒体験が心を占めている状態だといえます。

 4　子どもとの関係を築く

　ある日の帰り際、いつものように「おもちゃを持って帰りたい」とまさひろくんがごねていたときに、いつものように「持って帰ることができない」ことを伝えると、珍しく、怒り狂うのではなく「じゃあ、これは？」と消しゴムの消しカスを差し出しました。筆者が首を横に振ると、「じゃあ、これは？」と、今度は床に落ちていた砂粒をつまみ上げました。これも許可しませんでしたが、「まさひろくんが持って帰りたいのは、本当はモノじゃなくて、ここで遊んだ楽しい時間なんだよね。次も楽しい時間にしよう！」と、筆者の理解を一言添えてみました。すると、どこまで理解したのかは分かりませんが、まさひろくんはそれ以上の交渉はせず、いつもより機嫌良く帰っていきました。

● **言語化を繰り返していく**

　おそらく筆者の言葉はまさひろくんの経験に「輪郭」を与え[5]、筆者と2人で共有した時間を具体的なモノではなく、記憶としてとどめることを可能にしたのだと推測されます。ただ、こうした輪郭は、一回性のできごとではすぐに消えてしまいます。短期記憶の弱さという認知処理の特異性が拍車をかけて、楽しい気持ちは長続きしないことでしょう。だからこそ、言葉で気持ちが満たされる経験を積み重ねていく必要があります。「みんなは持って

4
妄想–分裂ポジション：p.14

第**3**章
行動–情緒の問題を解決する10事例

5
言葉にできない情緒体験をとらえて、言語化してその体験の輪郭を描いていく：p.67

いるのに自分は持っていないもの」がお母さんの「愛情」であり、安心・安全、他者との心地の良い交流であるという輪郭を与えることができれば、それらを得るための具体的な手段について一緒に考えることができるようになります。

　筆者は毎週の教育相談を通じて、他者との関係をモノではなく、言葉や肯定的な態度でのつながりへと変化させていくための支援を続けました。大切にしたのは、「目に見えない気持ち、特に不安やいら立ちを言葉にしてみる」ことを促すことでした。初めのうちはまさひろくん自身での言語化は難しいため、筆者から「今日はなんだかイライラしているみたいだね」「まさひろくんの思いどおりに動かない先生を不気味に感じたり怖いと感じたりするのかな」と、まさひろくんが体験していそうな気持ちを言語化して共有することを続けていきました。少しずつですが、やがてまさひろくんは自分の体験している感情について言葉にすることができるようになっていきました。

5　家族との関係を築く

● 子育てをねぎらい障害の認識を促す

　生育歴を確認していく過程で、お母さんが乳幼児期から感じていたまさひろくんの育てにくさに共感し、お母さんの孤軍奮闘を十分にねぎらいました。また、たとえ我が子であっても受けいれがたい面はあって当然で、どんな要求にも無理をしてまで応える必要はないことを少しずつ一緒に確認していきました。

● 保護者と協力して取り組む

　一人でお父さんの家に泊まりに行くことが、まさひろくんにとっては「お母さんから捨てられてしまうのではないか」という恐怖の体験につながっている可能性を考えて、泊まりに行くことを無理強いしないようにしました。

　また、まさひろくんの支援にあたって学校と家庭の双方で大事にしたことは、不適切な言動を取ったときに叱るのではなく、当たり前のことでも、何かができたときに褒めたり喜んだりするなどの注目を多くしていくことでし

た。これらの取り組みが功を奏したのか、1年ほど経った後には荒れた言動が減り、「モノを盗む」行為はほとんどなくなりました。

🌸6　支援する

●落ち着いた環境やクールダウンの機会の設定

　まさひろくんの認知処理の特異性と養育過程から生じた信念体系の歪みを考えると、苦手な学習に取り組んだり、衝動的な言動や聞き間違い・勘違いから生じたトラブルに対して周囲から注意や叱責を受けたりすると、恐怖や被害感情が引き出され、さらに激しい行動−情緒の問題に発展していく可能性があることを担任の先生と共有しました。それを受けて、正解を求めるよりも苦手な学習や活動に取り組む姿勢を言語化して褒めたり、イライラが高まってきたときには、いったん教室から離れて水を飲むことや、校舎内を少し散歩することを許したりするようにしました。

　このようにして、まさひろくんが自分でクールダウンをしてトラブルを回避できるようになる[6]機会を増やしていきました。

●視覚優位の認知処理スタイルの活用

　他害行為があった場合など、どうしても叱らなければならないときには「まさひろくんが嫌いだから叱っているのではなく、学校や学級のルールを破ったことに対して叱っている」ことを繰り返し説明するようにしました。ただし、言葉（音声情報）のみで説明しても、短期記憶の弱さが認められるまさひろくんには理解が難しい可能性もあるため、トラブルの過程を図にしたり、トラブル回避の大切なポイントを箇条書きにしたメモを作るなど、説明を視覚化して理解を促す[7]工夫を行いました。

●他職種・外部機関との連携

　まさひろくんの場合には、定期的に医療機関とも情報共有をして服薬の調整を相談したり、またスクールカウンセラーを活用してお母さんの心理面のサポートに取り組んだりしました。

6
クールダウンの
時間や場所を設
定する：p.76

7
聞いたことを覚
えておけるよう
にする：p.76

2 自己中心的で思いどおりに ならないと荒れる子ども

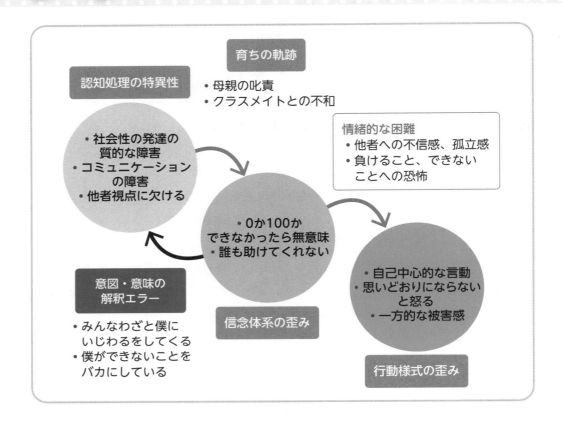

育ちの軌跡
・母親の叱責
・クラスメイトとの不和

認知処理の特異性
・社会性の発達の
　質的な障害
・コミュニケーション
　の障害
・他者視点に欠ける

情緒的な困難
・他者への不信感、孤立感
・負けること、できない
　ことへの恐怖

・0か100か
できなかったら無意味
・誰も助けてくれない

信念体系の歪み

意図・意味の
解釈エラー
・みんなわざと僕に
　いじわるをしてくる
・僕ができないことを
　バカにしている

・自己中心的な言動
・思いどおりにならない
　と怒る
・一方的な被害感

行動様式の歪み

事例概要

　小学校6年生になったつよしくんは、とてもアクティブな児童で、何事にも積極的に取り組みます。運動会では応援団長、音楽会では指揮者と、何でも先頭に立って活躍したい想いが強くあります。ところが、その勢いはしばしば暴走してしまい、リレーで負けると「○○が遅いからだ！」と怒ったり、合奏で賞が取れないと「△△が下手くそだから！」と非難したりするため、本人が期待するほど周囲からは認めてもらえません。学級委員に立候補した際も票が集まらず、大泣きして「どうしてボクに投票しないんだ！」と床に寝転がって駄々をこねました。

　つよしくんは勉強が得意で、なかでも算数はすでに中学生の問題にチャレンジしています。そのため、担任の先生が算数の授業中に「問題が早く解けた人はみんなが解き終わるまで好きなことをして待っているように」と指示されると、自分の大好きな

94

歌を歌い始めて注意を受けるのですが、つよしくんは「好きにしていいと言ったじゃないか！」と譲りません。算数は得意な一方で、国語の物語の読解が特に苦手で、文字には書かれていない、登場人物の言動の背景にある心情を理解することに困難がみられます。理系の教科と違って正解が1つでない問題には納得がいかず、何事も「白か黒か」「0か100か」で決めたがります。

　またある日には、掃除当番で「板書されたチョークの跡を濡れ雑巾できれいに消す」という作業を任されました。背の低いつよしくんには手が届かないところがあり、必死に手を伸ばして何度もピョンピョンと跳ねていました。そこへ、ちょうど通りかかった背の高い男児が手を伸ばしサッと消してくれました。そして、つよしくんにニコッと微笑みかけました。その瞬間、つよしくんは顔を真っ赤にして男児に殴りかかり、「背が低いからってバカにするな！」と怒鳴りました。

　周囲で一部始終を見ていたクラスメイトはみな驚いて、「せっかく手伝ってあげたのに」と非難しましたが、つよしくんは「雑巾係の仕事なのに勝手なことをするな！」と聞く耳をもちません。確かに、つよしくんは自分の担当でないことや指示されていないことについては、どれほどクラスメイトが困っていても手伝おうとはしませんでした。

　クラスメイトとのトラブルは絶えず、時には殴り合いのケンカにも発展しました。すると、つよしくんは自分の行為は棚に上げて「みんなにいじめられた！」と一方的に被害感情を訴えるのですが、実際に「学級いじめ調査」で加害者として名前があがるのはつよしくんのほうでした。つよしくんの言葉をそのまま信じたご両親はいじめ被害を訴えて、担任の先生と何度も話し合いを重ねた結果、ようやく我が子の主張と実際のできごとには大きなズレがあることが分かりました。同時に、ご両親はそうしたズレがなぜ生じてしまうのかと心配になり、筆者との教育相談に足を運びました。

認知処理の特異性を知る

● 社会性の発達の質的な障害

　クラスメイトを差し置いて自分ばかり前に出ようとする姿勢や、勝負ごとの負けを受けいれられない、クラスメイトが親切心で手伝ってくれたのにバカにされたと感じてしまうという行動から見立てられます。

● コミュニケーションの障害

　自分の担当でないことや指示されていないことについては、どれほどクラスメイトが困っていても手を出そうとはしない、授業中に好きなことをして待つという指示をそのままに受け取り歌を歌い始める、何事も「白か黒か」「0か100か」で決めたがり、曖昧さを受けいれられないという行動から見立てられます。

● 想像力の障害・他者視点の欠如

　文字には書かれていない登場人物の言動の背景にある心情を理解することが苦手であるという点や、相手の気持ちを考えずに激しい言葉でクラスメイトを非難するという行動[1]から見立てられます。

1
他者視点に欠ける：p.39

 育ちの軌跡を知る

● 母親の叱責

　ご両親は穏やかな性格で、つよしくんにたくさんの愛情を注いできました。乳幼児期から癇の強いことをお母さんは心配してきましたが、「お父さんも同じだったから大丈夫」というお姑さんの言葉から、専門機関に相談することはありませんでした。ただ、幼稚園に入ってから、友だちと遊具の貸し借りやゲームの勝ち負けを巡ってケンカをすることが増え、ママ友から苦情を言われたり距離を置かれたりすることがあったため、自分の子育てが失敗だったと自信を失い、つよしくんに「二度としてはダメ！」と強く叱責することが多くなっていました。

● クラスメイトとの不和

　学年が上がるにつれて、つよしくんの学力の高さは際立ってきました。特に理系の教科は、塾で学校の授業を超えた質と量の問題に取り組んでいました。そのため、必ずしも悪意に基づいたものではないのですが、クラスメイトが算数の問題に苦戦していると「そんなのも解けないの？」「簡単な問題だよ」などと口にしてしまうため、クラスメイトの多くは不快な想いを抱いていました。また、休み時間の遊びでつよしくんが負けると大騒ぎして相手をなじることにも、クラスメイトはうんざりしていました。

　こうした背景があって、つよしくんが何かで失敗して落ち込んだときに慰めたり、休み時間に声をかけたりしてくれるクラスメイトは減っていきました。それでもつよしくんは積極的にクラスメイトに話しかけたり遊びに誘ったりするので、特定の数人が仕方なく相手をしてくれていましたが、本人は避けられている理由が理解できないため、あまり満足していませんでした。

③ 信念体系と行動様式の歪みの連鎖をとらえる

　つよしくんとの教育相談を始めるにあたって、認知処理の特異性を把握するための検査を行いました。すると、全般的な知的能力は高いのですが、視覚的な情報処理に比べて聴覚的な情報処理が弱い[2]ことが分かりました。また、視覚的な情報を単純に記憶し再生する能力は高いのですが、暗黙のルールを見取ったり、部分と全体の関係を俯瞰したりする能力は低いこと、聴覚的な短期記憶の容量が小さく、断片的に耳に残った部分を自分の思い込みでつなぎ合わせるために誤解が生じてしまうことが分かりました。医療機関を受診し、自閉症スペクトラム障害（ASD）であるという判断がなされました。

● 自己中心的な言動

　自己中心的に見えるつよしくんの言動の背景には、❶であげたような認知処理の特異性がありました。このことから、つよしくんは自分がクラスメイ

2
「聴いて理解する力」と「見て理解する力」のギャップ：p.43

トから避けられている、誰からも共感を得られていない、といった事実は認識できても、理由までは認識できず、<u>他者に対する不信感や孤立感が深まっていきました</u>。これまでクラスメイトとのトラブルが生じた際にも、つよしくんにはつよしくんの言い分があったのですが、結果としての不適切な言動を叱責されるばかりで、担任の先生やご両親でさえ、言い分を聞いたり共感したりはしてくれませんでした。そうした繰り返しを経て、<u>「どうせ誰も分かってくれない」「自分に味方する人はいないんだ」という体験と不安や不満がいっそう積み重なっていきました</u>。その結果、困った際に誰かに相談すれば解決するかもしれないという発想を得る機会も生じませんでした。

● 思いどおりにならないと激しく怒る

クラスメイトとの関係で不安や不満が募るほどに、妄想−分裂ポジション[3]の心理状態に陥り、自分の願いや想いが通らない場面に直面すると、わざと邪魔されている・いじわるされているという意図や意味の取り違えが起き、<u>よりいっそう被害感情が高まるという悪循環ができあがってしまいました</u>。つよしくんにとっては、激しい怒りに駆られた言動は、自分の邪魔をしてくる他者に対する反撃の意図や、自分に害をなそうとする相手から自分を守るという意味があるようでした。それはつまり、不安や不満が自分で抱え整えられないほど大きくなると、一人ではどうすることもできずに激しく他者に向けて噴き出すことで内圧を下げるパターンが繰り返されていたのだと理解することもできます。

● 相手の意図を読み違える

黒板掃除を手伝ってくれたクラスメイトの友好的な態度を「バカにされた」と誤解してしまう背景にも、ASD特性から生ずる感情理解の難しさ[4]だけでなく、つよしくん自身の被害感情の強さが影響していると考えられます。日頃から自分には味方がいないと思い込み、自分を手伝ったり助けたりしてくれる人がいるとは考えられなかったのだと推測されます。

さらに、自分に与えられた係の仕事をうまく遂行できない状況を「あざ笑われた」と経験したつよしくんの怒りの背景には、努力の過程ではなく目に

3
妄想−分裂ポジション：p.14

4
目に見えるモノやコトしかとらえられない：p.36

見える結果だけにとらわれてしまう認知処理の特異性や、極端に二極化した
「0か100か」の信念体系も関係していると想定されます。目に見えないモ
ノやコトがとらえづらいため結果にこだわり、また役割を遂行できないと無
価値になってしまうという思い込みか
ら、恐怖にも似たとても強い不安を感
じていたのだろうと理解することがで
きます。勝負で勝つことに対する強い
こだわりも同様で、今のつよしくんの
世界には、勝つか負けるかの2択し
か存在せず、**負けてしまうとそれまで**
の努力だけでなく、何もかもが無価値
になってしまうような恐怖が潜在して
いるのだと考えられました。

4　子どもとの関係を築く

● 共感と共有

　学校でトラブルが生ずるたびに、筆者はじっくりとつよしくんの想いを聴
きました。客観的に見れば、どう考えても暴力をふるったつよしくんが非難
される状況であっても、「良い‒悪い」の判断はせず、「なぜそうすることに
なったのか」「どんな気持ちや想いを抱いていたのか」を言語化するように
促しました。

　胸につかえた想いをひととおり吐き出してから、「それって本当にバカに
しようとした笑顔だったのかな？」「自分が悔しいときに笑顔を向けられる
と、バカにされたと感じやすいのかな？」と押しつけにならないよう注意を
払いながら、別の可能性や視点を投げかけてみると、毎回ではないですが、
つよしくんも「そうかもしれない…」と受けいれられる余裕が生まれてきま
した。

● 道筋を振り返る

　決して批判をしないという筆者の態度を繰り返し示すと、つよしくんがトラブルの経緯を話すときにも、自分を守るために話を繕う必要がなくなります。こうして経験を語ることへの安心感が芽生えてきた段階で、筆者からは、行為の結果ではなく、「本当はどのようにしたかったのか、どうなりたかったのか」のゴールを確認することを繰り返しました。そして、暴言や暴力に訴える以外で、そのゴールに至るための別の道筋を考えることができるように「じゃあ、もしも時間を巻き戻すことができたら、今度は何と言おうか？　どんなふうに振る舞ってみようか？」などと促していきました。

　こうした振り返りと合わせて、必ず楽しかったことやうれしかったこと、興味のあることなど、ポジティブな話題を語ることも促しました。反省や振り返りばかりさせられると、相談する意欲が続きません。ある時つよしくんは「せっかくのお話の時間なんだから、楽しいお話をたくさんしたい。だから、嫌なことが起こらないように頑張る」と宣言しました。その後、不思議なことに、本当に学校生活でのトラブルが減っていきました。

5 家族との関係を築く

● 家族との協力関係

　当初、つよしくんのご両親は、つよしくんがクラスメイトからいじめを受けていると誤解しており、担任の先生をはじめ学校に対する不信感が強くありました。しかし、担任の先生が、つよしくんがいじめととらえた場面をクラスメイトの反応と合わせて説明したり、授業を参観してもらう機会を設けたりと、粘り強くはたらきかけたことで、ご両親はつよしくんの側で取り違えや勘違いをしていることが多いのだと理解していきました。

● 障害の認識

　ご両親との定期的な教育相談を繰り返していくなかで、乳幼児期から抱いていたつよしくんの言動に対する疑問や不安を確認していきました。子育てに苦労したことや、クラスメイトに対して暴言や暴力が出てしまうたびにご

両親が電話や訪問による謝罪をしてきたことへのねぎらいを十分にしながら、つよしくんなりの暴言や暴力に至る理由を理解されない苦悩にご家族が共感できるようにサポートしていきました。トラブルが発生した際には、理由や経緯を主にお母さんが同席のうえで筆者から本人に確認していくなかで、つよしくんの想いに共感できるようになっていきました。

6　支援する

　つよしくんの認知処理の特異性を踏まえて、学級では口頭での説明は具体的で簡潔にするよう心がけ、時には図やイラストも用いてつよしくんが理解できるまで根気強く支援し続けました。合わせて「通級による指導」も受けるようになり、表情から感情を読み取る SST に取り組んだり、起こったトラブルを振り返ったりしながら、「自分の言葉や振る舞いが他者からどう見えているか」「他者がどんな意図を抱いているのか」を理解する「他者視点」を養っていくことで、自分の誤解や勘違いからトラブルが生じているのだと気づくようになっていきました。今では手助けしてくれた後の「ニコリ」をバカにした「ニヤリ」と区別できるようになりましたし、「手伝って」と言われれば自分の係でなくても助け合えるようになりました。

　筆者との教育相談を通じて、ご両親も暴言や暴力という行為に対しては注意や禁止を与えたうえで、しっかりとつよしくんの想いに耳を傾けていくようになりました。また、時には周囲に対するつよしくんの代弁者ともなってくれました。並行して、担任の先生とも定期的に情報共有や意見交換を行う機会を設けて、つよしくんの言動の背景にある想いや理由について共通理解を図っていきました。

　徐々につよしくんもご家族や教職員は自分の味方なのだと思えるようになり、悔しい想いや哀しい想いをしたとき、そしてうれしいことや楽しいことがあったときには、その場で行為に移すのではなく、帰宅してからお母さんに話し、体験を共有することができるようになっていきました。

3 | 暴言が止まらない子ども

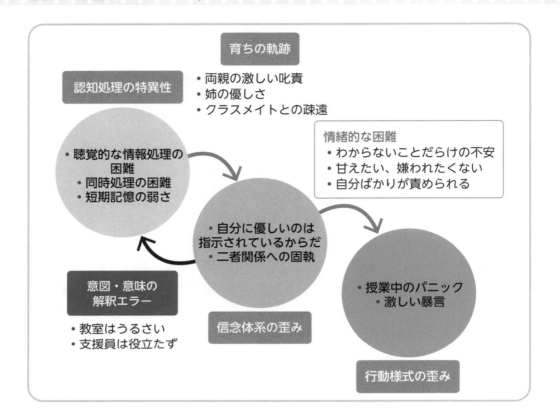

育ちの軌跡
- 両親の激しい叱責
- 姉の優しさ
- クラスメイトとの疎遠

認知処理の特異性

- 聴覚的な情報処理の困難
- 同時処理の困難
- 短期記憶の弱さ

情緒的な困難
- わからないことだらけの不安
- 甘えたい、嫌われたくない
- 自分ばかりが責められる

- 自分に優しいのは指示されているからだ
- 二者関係への固執

意図・意味の解釈エラー

- 教室はうるさい
- 支援員は役立たず

信念体系の歪み

- 授業中のパニック
- 激しい暴言

行動様式の歪み

事例概要

　4月から中学1年生になったごろうくんは、小学生の頃から教室に入ってみんなと学んだり生活したりすることが難しい児童でした。周囲からすると理由がよく分からないことで突然パニックを起こして、激しく泣いたり怒ったりするのですが、他児への暴力は滅多になく、自分の文具を破壊したり、激しい暴言を吐いたりすることが多くありました。

　いつも何かにイライラしている様子で表情も硬く、指の間には尖った鉛筆を挟み込んで、かぎ爪のように立てていました。担任の先生に「危ないから」と注意されると筆箱にしまうのですが、少し目を離すといつの間にか元に戻っています。授業中は自分の席に座ってはいるのですが、ノートも教科書も机の上には出ておらず、いつも同じお気に入りの図鑑を読んだり、好きなキャラクターの絵を描いたりしていて、授業

には参加していないように見えました。

　そうした授業態度を教科担任の先生やクラスメイトに指摘されると、パニックを起こして暴言を吐き、教室を飛び出した後、しばらく校舎内をウロウロと歩き回ってから戻ってくるような毎日でした。

　小学4年生の時に専門機関で注意欠如・多動性障害（ADHD）傾向と自閉症スペクトラム障害（ASD）傾向の診断を受けてからは、ごろうくんに「支援員」の先生*がつくようになり、教室内での学習や校舎内の徘徊にも寄り添ってくれるようになりました。小学6年生の頃には、ほとんどの間支援員の先生と空き教室で学習をしたり、給食を食べたりしていましたが、支援員の先生を奴隷のように扱ったり、何か気に入らないことがあると「オマエなんか辞めてしまえ！」「税金ドロボウ！何の役にも立ってないんだよ！」と激しい暴言が続いたりするため、支援員の先生も心が折れてしまい、これまでに何人も辞めてしまいました。

　小学校生活を終え、ごろうくんとご両親は学区の離れた中学校へ入学することに決めて心機一転頑張りましたが、5月の連休が近づいた頃から、ごろうくんは家から一歩を踏み出すことができなくなり、学校を欠席したり早退したりすることが多くなっていきました。ただ不思議なことに、早退する日でも必ず給食だけは食べて帰りました。

　学校に来た日も「教室はうるさい」と訴えて、1日の大半を保健室で過ごすのですが、養護教諭の先生といると心が落ち着くらしく、「提出物が多い」「どの教科からテスト勉強をしたらいいのか分からない」「板書の量が多くて授業がつまらない」などのさまざまな不安や不満を漏らします。さらに、「母は忙しくて怒ると怖い」「姉は母から『ごろうに優しくするように』と言われたから自分の言いなりだ」など、家庭の様子も語るようになりました。ただ、保健室に具合の悪くなったほかの生徒がやってくると、ごろうくんは「来るな！」と暴言を吐き、いつの間にか保健室からいなくなってしまうのでした。

＊特別支援教育支援員。小・中学校において、食事、排泄、教室移動の補助といった学校における日常生活上の介助や、ADHD の児童生徒に対する安全確保等学習活動上のサポート、LD の児童生徒に対する学習支援を行い、教職員を補助する。

認知処理の特異性を知る

● 聴覚的な情報処理の困難
指示や説明を正確に聞き取れないという点から見立てられます。

● 同時処理の困難
複数教科の宿題や課題の調整ができないという点[1] から見立てられます。

1
同時処理：p.45

● 視覚的な短期記憶の弱さ
板書を写せないという点[2] から見立てられます。

2
短期記憶が弱い・同時処理が難しい：p.40

2 育ちの軌跡を知る

● 両親からの激しい叱責
保健室で養護教諭の先生に漏らした語りから、感情的になったご両親が時折「役立たず！」「ウチから出ていけ！」などとごろうくんを叱責していることが分かってきました。また、「自分は嫌われていると思う」とも語っていました。ご両親は共働きで大変忙しく、心身ともに余裕のない状態でした。食事の用意もままならず、子どもと一緒に食卓を囲むのは外食のときだけで、食卓にはコンビニ弁当という日も少なくありませんでした。

● 優しさの誤解
「姉が自分に優しいのは母にそうするように言われたからだ」と思い込んでおり、自分のことを好きだから優しいわけではなく、役割として指示されたから優しいのだと認識しているようでした。そしてその認識は、自分に優しい人全般に対して抱く信念体系の歪みとなっているように考えられます。

● クラスメイトとの疎遠
発達段階的にちょうど仲間集団が固定化し始める小学4年生から、学校では支援員の先生と過ごすことが増え、ごろうくんはクラスメイトと遊んだ

り話したりしながら仲間関係を結んでいく方法を身につける機会が少なく
なっていました。

信念体系と行動様式の歪みの連鎖を
とらえる

● 授業に参加できず、突然パニックを起こす

　ごろうくんに❶であげたような認知処理の特異性があるのだとすれば、学
校での日々の生活は見ても聞いても「よく分からないことだらけ」で、不安
や恐怖が先立ちやすい状況でしょう。そのため、自分を守るかぎ爪（鉛筆）
を生やしたり、パニックを起こして飛び出したりするほど追い詰められてい
たのだろうと考えられます。実際、常に大人が隣についていた数か月前まで
の状況から、中学生になった途端独りで学校生活を送ることが、今のごろう
くんに難しいのは当たり前だろうということも改めて考えさせられます。

　また、ごろうくんの認知処理の特異性から、学習に取り組む思考力、指示
や説明に耳を傾け黒板や教科書等に目を向け続ける注意・集中力、不安やイ
ライラを整えようとする情緒調整の全てを同時に扱うことは困難なため、教
室でそうした状況を強いられると、頭と心が混乱してパニックになったり、
心身がフリーズしたりしているのだと考えられます。このような状況に繰り
返し陥ることが、ごろうくんにはと
ても苦痛なのですが、理由は本人に
も周囲にも分からないので支援に結
びつかず、教室から足が遠のいて、
行き渋りになってしまいました。

　授業とは関係のないお気に入りの
図鑑を読んだり、好きなキャラク
ターの絵を描くことに没頭したりす
るのは、そうした不快をごろうくん
なりに抱え整えようと奮闘している
現れです。そうした行為を注意され

れば、当然「それじゃあ、ほかにどうしたらいいんだ！」と腹を立てたり、投げやりな気持ちになったりしてしまうことが見て取れます。

● 激しい暴言を吐く

　自分がご両親に言われて傷ついた言葉が消化・吸収されないまま、ごろうくんの心のなかに溜まっているようでした。それゆえに、学校で自分と支援員の先生を逆転した立場に置いて、それを吐き出すことで心のバランスを保っていたのだと理解できます。

　同時に、優しい人は自分のことが好きだから優しいのではなく、役割として指示されたから優しいだけではないかという不信感と、もっと甘えたいという気持ちの葛藤から支援員の先生に対する挑発的な言動が示されているように感じられました。早退する日も給食だけは食べてから帰るのは、少しでも親の手を煩わせないようにというごろうくんなりの気遣いなのだろうということがうかがわれました。本当は嫌われたくないのに口を開くと暴言になってしまうのは、もしかしたらご両親も同じなのかもしれません。

　また、一見すると逃避行動のように思われる教室からの飛び出しは、ごろうくんの「教室がうるさい」という訴えから考えると、聴覚過敏の特性との関連に加えて、ご両親からの叱責が繰り返されていることによって、環境音や言葉の音刺激に反応しやすい状態になっている可能性も考えられます。

● 二者の関係性から抜け出せない

　ごろうくんはご両親のお姉さんに対する態度と自分に対する態度に大きな格差があるように感じているようでした。家庭でも学校でも問題なく過ごしているお姉さんが叱責されることがない一方で、いつも自分ばかりが暴言で責められていると感じているようでした。

　そのようなごろうくんにとって、自分を非難することなくじっくりと話を聴いたり慰めたりしてくれる保健室や養護教諭の先生の存在が安全基地となっていきました。ただ、その養護教諭の先生が具合の悪い生徒を親切に介護している姿を見ることは苦痛のようです。ごろうくんの情緒を抱え整えてくれるはずの養護教諭の先生を、ほかの誰かと共有することはまだ難しく、

二者関係から三者関係へ対人関係をステップアップできない状態に留まっています。対人関係の順番待ちや優先順位の入れ替わりに伴う不満や寂しさなどの情緒を抱え整える力[3] が育っていないと、集団生活への適応が困難になってしまいますが、ごろうくんはまさにこの段階にいるようでした。

3
自分で自分の情緒を抱え整える力：p.18

 4 子どもとの関係を築く

● 養護教諭の共感に基づく信頼関係

　ごろうくんの場合、支援のキーパーソンとなったのは養護教諭の先生でした。ごろうくんは教室での学習が困難になると保健室を避難所のように使用する回数が増えました。そこで、校内の支援会議を開いて、学習を促す役割は教科担任の先生等に任せ、養護教諭の先生は共感的にごろうくんの想いを聴き、情緒を抱え整える役割に徹することを確認しました。

　頻繁にパニックを起こして保健室へやってくるごろうくんの語りは毎回断片的でしたが、養護教諭の先生は根気強くごろうくんの不安や不満に耳を傾け、学習や生活のなかでどのような困難を抱えているか探っていきました。

● 困難から具体的な支援策を考える

　そうしたかかわりを続けていると、「提出物が多い」「授業がつまらない」は単なる不満ではなく、聴覚的な情報処理の困難から指示や説明を正確に聞き取れていない可能性が浮かび上がり、具体的な支援策を校内で考えることができるようになりました。また、学級担任の先生一人が全教科を見わたしてその日の課題の量を調整することができる小学校と違って、教科担任制の中学校では同じ日に複数教科の課題が重なってしまうことがあり、ごろうくんには負担が大きかったのだろうという予測も立てられるようになりました。

　また、学校での学習や集団生活上の困難だけでなく、多忙なご両親に対してごろうくんなりの気遣いがあるにもかかわらず、ご両親からは自分の学びにくさや生きにくさに対する共感や理解がなかなか得られないことの切なさや苦しさについても、無理のない範囲で筆者が少しずつ言語化していくことで、ごろうくんも自分の本当の気持ちに気づいていきました。

5 家族との関係を築く

● 障害認識を促し協力関係を形成する

　多忙なご両親ではありましたが、学級担任の先生は電話や手紙、三者面談等の機会を通じて、ごろうくんが学校で困っている様子を伝え続けました。教室で起こすパニックが忍耐力の不足とは関係がない可能性や、ノートを取らない態度が単なる怠けではない可能性を共有し、ごろうくん自身もひどく苦痛を感じているのだということを共有していきました。

6 支援する

● 情緒的な安定を目指した環境設定の工夫

　学校では保健室と養護教諭の先生を安全基地として活用しながら、学級担任や教科担任の先生との対人関係を少しずつ広げていくことを改めて確認しました。教室で頑張らせ続けるだけでなく、保健室をクールダウンの空間にしたり、パニックに陥った際には養護教諭の先生やスクールカウンセラーに話をしたりすることで、自分自身で落ち着きを取り戻せるよう支援を進めていきました。こうした取り組みによって、ごろうくん自身の情緒を抱え整える力を高めていくことを目指しました。

　それと合わせて、定期的に校内での支援会議も開き、ごろうくんの支援方法を検討しました。その結果を教育委員会とも共有し、年度途中からは中学校でも支援員の先生がつくことに決まりました。

● 視覚的な支援と課題の調整

　聴覚的な情報処理や短期記憶に困難が示されているごろうくんの認知処理の特異性を踏まえて、指示や説明は簡潔にし、学習プリントやワークシートを活用した視覚的な情報で補う[4] ことが教職員間で共有されました。また、教科にかかわらず学年で板書の方法やルールを統一したり、宿題や課題が同じ時期に集中しないように調整したりしました。

4
聞いたことを覚えておけるようにする：p.76

● 学内外の資源との連携

　ご両親との情報共有を進める過程では「何よりも本人が困っている」ことを共有したことで、ご両親はまずスクールカウンセラーとの相談を始めました。またその後、スクールカウンセラーからの勧めもあって、学外の医療機関に相談してみようという気持ちになっていきました。

4 体験を共有することが難しい子ども

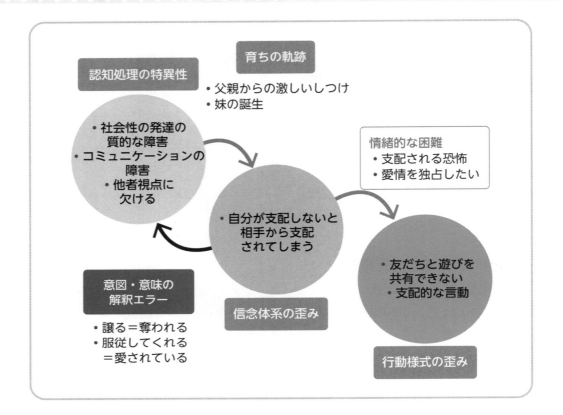

育ちの軌跡
- 父親からの激しいしつけ
- 妹の誕生

認知処理の特異性
- 社会性の発達の質的な障害
- コミュニケーションの障害
- 他者視点に欠ける

情緒的な困難
- 支配される恐怖
- 愛情を独占したい

・自分が支配しないと相手から支配されてしまう

信念体系の歪み

意図・意味の解釈エラー
- 譲る＝奪われる
- 服従してくれる＝愛されている

- 友だちと遊びを共有できない
- 支配的な言動

行動様式の歪み

【事例概要】

　小学 3 年生のたくやくんは、教室でよくかんしゃくを起こして泣き叫び、クラスメイトを叩いたり蹴ったりするので、担任の先生もご家族も悩んでいました。そうした様子は幼稚園の頃から示されていて、すでに専門機関で自閉症スペクトラム障害（ASD）という診断を受けていました。

　学校での学習では、漢字の読み書きや計算などは得意な一方、物語の読解などは苦手でした。低学年の頃はクラスメイトとのトラブルはありながらも、マイペースに遊んだり学習したりと学校生活を楽しんでいたのですが、小学 3 年生になって、友だち関係が密になり、同じゲームや同じ遊具で遊ぶ機会が増えたことで「貸す－貸さない」のトラブルが頻発し、筆者のところへ相談に来ることになりました。

　母子別室の相談とし、筆者はたくやくんとプレイルームでの遊びを通したかかわり

を毎週続けました。たくやくんの言動に特徴的だったのは、「『おはよう』って言って！」「『床屋さんに行った？』って言って！」など、筆者の全てのセリフがたくやくんに指定されることでした。筆者自身の言葉、例えば「今日は良い天気だね」「新しい靴だね」などは、聴力に問題はないのに「…」と無視されるか、「え？　なに？」と聞こえないフリをされることがほとんどでした。対話以外の遊びのなかでも、「○○して！」「あぁ、そうじゃない！」と命令や叱責を受けることばかりで、筆者は自分が奴隷となって支配されているような窮屈さ、いら立ち、哀しさなどでやりきれない気持ちでいっぱいになりました。相談の終了時刻が迫ると、プレイルームの玩具を隠す意地悪をしたり、このあとはどんな子が相談に来るのかをとても気にしたりすることも頻繁にありました。

　ある時、相談が終わったところで、筆者が「今日は楽しかったね」とコメントすると、たくやくんは「なんでそんなこと言うんだ！」と今まで見たことがないほどの激怒を示し、待合室にいたお母さんに突進して殴りかかりました。筆者は驚き慌てて制止しましたが、たくやくんが落ち着いてから理由を聞いてみると、「先生（筆者）が先に『楽しい』って言っちゃったから、あの時間は先生のものになっちゃったじゃないか！」と説明してくれました。また別の日には、砂箱に大陸を 2 つとその狭間に島を作ってから、「こっちは先生の国、こっちはボクの国だよ。この島はどっちのものなの？」と疑問を投げかけられました。ちょうどそれは、たくやくんの妹が生まれた頃でした。

認知処理の特異性を知る

● 想像力の困難

漢字の読み書きや計算などが得意な一方で、物語の読解は苦手という点から見立てられます。

● 他者視点の欠如

他者の意図や空気を読めないという点[1] から見立てられます。

1
他者視点に欠ける：p.39

● コミュニケーションの質的障害

相手の言葉を聞き流し、一方的なコミュニケーションであるという点から見立てられます。

② 育ちの軌跡を知る

● 父親からの厳しいしつけ

学校や教育相談の場で、たくやくんは常にその場や他者を支配・コントロールしていないと我慢ができない様子を示しますが、これは必ずしもASD特性から生ずるものばかりではありませんでした。

実はお母さんとの相談のなかで、たくやくんがお父さんから非常に厳しいしつけを受けていて、時には度を越した暴言を浴びたり体罰を受けたりしていることが語られていました。お父さんは精神的な疾患で長年通院を続けており、背景にはたくやくんと同じASD特性もあることが、主治医によって見立てられていました。仕事も休職が続いていたため、複数の専門機関がかかわってご家族を支える体制を整えていました。それでもお父さんの我が子に接する態度はすぐに変わるものではなく、たくやくんの成長発達にも大きな影響を与えているようでした。

● 妹の誕生

お父さんの通院に付き添ったり看護をしたり、たくやくんに対する暴言や

体罰を制したりして、家庭の全てを支えてきたお母さんでしたが、妊娠から出産までの約1年間は、自身の体調の変化とそれに伴う気分の波などもあり、お父さんやたくやくんにかけられる時間と労力が減っていきました。そうなると、お父さんもたくやくんもストレスが溜まっていき、いっそうぶつかり合いが増えていきました。

　また、他者の気持ちや意図を察することが難しいASD特性のあるたくやくんにとって、お母さんの態度の変化が「自分はいらなくなったのではないか」という不安をかき立てられる体験になっているようでした。

3　信念体系と行動様式の歪みの連鎖をとらえる

● 友だちと同じゲームや遊具で遊べない

　小学校低学年くらいの時期は、どの子どもも対人関係がマイペースで、場を共有していても互いに好きなことをしていれば仲間関係が成立していました。中学年になると、気の合う仲間でグループを形成し、関係性が凝集されていきます。好きなテレビの話題や遊びなどの体験を共有することで、仲間意識もより親密になっていきます。

　そのような発達段階にあって、たくやくんは話題や遊びを他者と共有することは難しく、ASD特性から生ずる一方的なコミュニケーションになってしまいがちで、相手からは押しつけとも取れるような態度をとってしまいます。育ちの軌跡も関係して、単純なモノの貸し借りの場面でも「支配-被支配」あるいは「奪う-奪われる」対人関係として意味づけてしまいがちです。常に自分の思いどおり、予想どおりに他者を動かし支配していないと、いつか自分が奴隷にされるという恐怖でいっぱいになるのでしょう。

　学校は、教室も先生も授業時間も学級活動も、クラスメイトと「みんなで共有する」ことで成り立っています。たくやくんは、他者の意図や感情、場の空気を読むことが苦手という特性や、お父さんから厳しくしつけられた経験から、何かを譲ることや折り合いをつけることを、自分のモノを奪われたりテリトリーを侵されたりすることと誤解しやすく、ほかの誰かとモノ、場

所、時間、経験を「共有する」ことが難しくなっているようでした。

　「この島はどっちのものなの？」という発言からは、「お母さんは自分のものか妹のものか」という葛藤がうかがえます。曖昧さを受けいれがたいASD特性もあり、どっちつかずの状態におかれることは、たくやくんにとって大いに悩ましい体験だったのだと実感されました。

● 支配的な言動

　教育相談の場で筆者が自分自身の言葉を口にすると、たくやくんには自分の支配やコントロールが効かない対象がいるという事実に気づかされることになり、年上の男性である筆者がお父さんの姿と重なることもあって、とても恐ろしい相手に見えてきてしまうのだと考えられます。実際には筆者がたくやくんに暴言を吐いたり暴力をふるったりすることはあり得ないのですが、たくやくんからすると、**いつ筆者が激昂して暴れ出すか分からない不気味さを漂わせているように感じられる**のでしょう。

　さらにいえば、筆者が口や手を出さないと分かってくると、今度は家庭のなかで自分が受けてきた**命令や叱責等の仕打ちを筆者に仕返すことで、たくやくんの心のなかに蓄積されていた未消化な情緒が解消される**ようでした。

● 服従することと甘えること

　教育相談を重ねて筆者との関係性が親密になっていくにつれて、たくやくんは筆者に対し、おそらくお母さんに感じるものと等質の情緒を抱くようになりました。そのため、**筆者を自分だけのものにしておきたくなり**、余計に支配的な言動が増えているように感じられました。たくやくんの相談の後にやって来るであろうほかの子ども（空想上のライバル）に対して、玩具を隠すなどの意地悪をするようになりましたが、これは「良い（good）対象」である筆者を奪わ

れないための精一杯の抵抗だったのだろうと考えられます。

　小学校中学年であれば、どのような子どもでも、いまだに甘えたい気持ちが強くありますが、ASD 特性と育ちの軌跡から、たくやくんは筆者が自分の言うとおり服従してくれている状態でないと、自分が愛されたり受けいれられたりしている実感を体験しにくいのだと考えられました。「〇〇と言って！」や「〇〇してほしい」という命令や要求は、必ずしも支配－被支配の関係からだけでなく、<u>自分の想いや願いを受けとめてほしい</u>という情緒が含まれているようでした。

　また、筆者はたくやくんに妹が誕生したことをお母さんからは聞いていましたが、たくやくん本人からは一度も聞かされませんでした。おそらくほかの子どもと同様、妹を筆者（とお母さん）を奪おうとする「悪い（bad）存在」としてとらえていて、<u>筆者との楽しい時間に妹の存在を割り込ませたくないと思い</u>、意図的に排除しようとして、妹の話をしなかったのだと考えられます。

 ## 4　子どもとの関係を築く

● 安全感と基本的な信頼感を構築する

　相談のなかでは、他者への基本的な信頼感を築く[2] ことを意図して、たくやくんの支配を忍耐強く受けいれつつも、少しずつ筆者自身の想いや気持ちをコメントしたり、遊びの提案をしたりする回数や時間を増やしていきました。理不尽な要求や命令に対しても腹を立てている様子を出さず、可能な限りたくやくんの想いに寄り添うようにしました。

● 想いを言語化して伝える

　また、たくやくんとのかかわりの過程で筆者が体験させられた、奴隷のように扱われた惨めな気持ちや反論が許されない理不尽さに対する腹立たしさなどを味わい反芻しながら、「何を言っても聞いてもらえないのは寂しいなぁ」などと独り言のように、筆者の想いを言語化することを繰り返していきました。

2
他者への基本的な信頼感を築き上げていく：p.67

第3章　行動－情緒の問題を解決する10事例

● 情緒体験の輪郭を描いていく

　たくやくんと筆者の間にかなり信頼関係が形成された時期になってから、たくやくんが2つの国と島の話題を出した際には、「お母さんが自分のものなのか妹のものなのか…心配だよなぁ」と独り言のように呟いてみました[3]。その時には珍しくたくやくんも「そうだよ」と同意したのでした。島の話ではなく「どっちも大好きということもありそうだなぁ」という兄妹とお母さんとの関係について直接的にコメントしてみましたが、これはたくやくんの実感とはかけ離れていたのか、聞き流されてしまいました。

3
言葉にできない情緒体験をとらえて、言語化してその体験の輪郭を描いていく：p.67

5　家族との関係を築く

● 担当者を分けて心理的な支援を行う

　たくやくんとお母さんの教育相談では担当者を2人にして、お母さん専任とたくやくん専任とに分けました。お母さんの相談では、お父さんの介護とたくやくんの養育、そしてまだ幼い妹の世話に全精力を注いでいるお母さんの奮闘を大いにねぎらいました。具体的な支援の際には他機関の専門家も活用していき、教育相談のなかではお母さんのストレスが少しでも解消されるように心理的なサポートを続けていきました。

● 家族の関係性を支援する

　お父さんの ASD 特性については、お父さん本人にもお母さんにも伝えられていました。お父さんはあまり実感がない様子でしたが、お母さんは事実を受けいれつつも不安が強いようでした。特に、たくやくんに接する態度について、たくやくんの意図や想いを察することがお父さんには難しいため、どうしても暴言や暴力が出てしまうことに悩んでいました。そこでお母さんの相談では、たくやくんへの接し方だけでなく、お父さんへの接し方についても具体的な助言や提案も行いました。

6　支援する

● ネットワークで支援する

　お母さんにかかっている負担が大きいので、お父さんの通院先、たくやくんの担任の先生、乳幼児健診等にかかわる保健師など、さまざまな資源を積極的に活用していくことを後押ししました。筆者はお母さんの相談を担当するとともに、担任の先生とも定期的な意見交換や情報共有の機会を設けて、母子の支援の方向性を合わせていきました。その結果、通常学級から特別支援学級への転籍も検討されました。

　数年という時間がかかりましたが、お父さんの病状の改善もあって、たくやくんは筆者に支配される不安を抱くことなく、安心して「身を委ねる」ことができるようになり、話題や遊び、玩具など友だちとさまざまなことを共有できるようになっていきました。

安全感を保つことが
難しい子ども

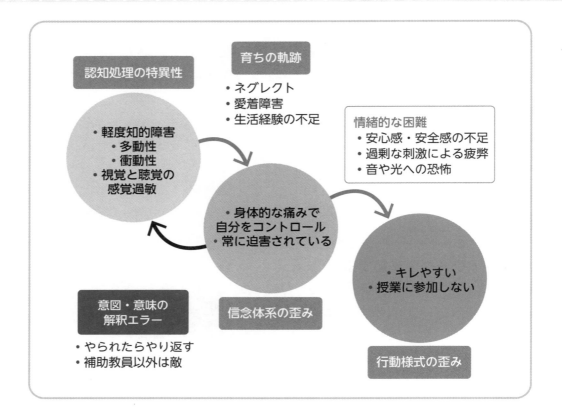

認知処理の特異性

育ちの軌跡
・ネグレクト
・愛着障害
・生活経験の不足

情緒的な困難
・安心感・安全感の不足
・過剰な刺激による疲弊
・音や光への恐怖

・軽度知的障害
・多動性
・衝動性
・視覚と聴覚の
感覚過敏

・身体的な痛みで
自分をコントロール
・常に迫害されている

・キレやすい
・授業に参加しない

意図・意味の
解釈エラー

・やられたらやり返す
・補助教員以外は敵

信念体系の歪み

行動様式の歪み

事例概要

　小学2年生のきょうこさんは被虐待の経験があり、学区内にある児童養護施設から学校へ通っています。学習面では遅れが見られ、生活面でもトイレの始末、箸やスプーンの使用も十分にできない様子でした。身体つきもクラスメイトよりだいぶ小さいのですが、何かの拍子で一度キレると、学校中に響きわたる怒号をあげて、教室を破壊するような勢いで大暴れすることが日に何度も生じていました。そのため、通常学級に所属しているものの、きょうこさんには補助教員の先生が常に隣につき添っていました。

　筆者は学校からの依頼を受けて巡回相談に伺いましたが、授業参観で教室に入った時点から、きょうこさんはチラチラとこちらににらみを利かせていました。廊下側の最後列に座っていたので、ちょうど背後で参観する形になると、その小さな身体から

出るとは思えないドスの利いた声で、「てめえ！ナニモンだよ？…コッチみてんじゃねぇ！」と怒鳴り声をあげました。参観中、いわゆる教科の授業の大半は机に突っ伏して寝ていましたが、補助教員が優しく声をかけて授業に向かわせると、何とか身を起こしていました。ただ、時間の経過とともに舌打ちを始め、「うるせぇ」とつぶやいたり、「目が痛い」と訴えたりしていました。

　帰り支度の時間のことです。隣にいた補助教員に猫なで声で擦り寄って、「ねぇ、見てぇ！　これ作ったんだよぉ」と手に載せたモノを見せました。紙コップ2つを糸で結んだ「糸電話」らしきものでした。紙コップの一方を「先生にあげる！」と差し出した時、タイミング悪く、前の席の男児の支度を手伝っていた補助教員の手がきょうこさんの差し出した手を払う形になり、紙コップが床に落ちてしまいました。その瞬間、きょうこさんの表情は凍りつき、少し歪んでしまった紙コップを無表情に拾いました。と、次の瞬間、きょうこさんは補助教員の顔に思い切りグーパンチを繰り出し、「てめえのせいで、曲がったじゃねぇか！　台無しじゃねぇか！」と鬼の形相で激怒するとともに、前の席の男児に飛びかかり噛みつこうとして、補助教員に制止されました。こうした言動に慣れている補助教員は、きょうこさんに謝りながら「大丈夫だから落ち着いて…一緒に直そう」と優しく誘いかけたところ、きょうこさんも肩で荒く息をつきながら、なんとか感情を抑えようと必死になっていました。

第3章　行動-情緒の問題を解決する10事例

119

認知処理の特異性を知る

● 軽度知的障害

　学習面での遅れが見られる、生活面での日常生活動作（排泄や食事）が自立していないという点から見立てられます。

● 多動性・衝動性

　一度キレると大暴れする、カッとなると大人相手でも手加減なしの暴力をふるうという行動から見立てられます。

● 視覚と聴覚の感覚過敏

　教室で「うるさい」とつぶやいたり、「目が痛い」と訴え常に目を細めたりしているという点[1]から見立てられます。

1
多様な刺激を受
ける：p.39

2 育ちの軌跡を知る

● 愛着障害

　きょうこさんにはネグレクトの既往があり、幼児期から児童養護施設に措置されています。合わせて、注意欠如・多動性障害（ADHD）と愛着障害[2]の判断がなされていました。ADHDと愛着形成の問題のどちらから生ずる問題なのか判別は難しい[3]ですが、感情の起伏の激しさが問題となっており、投薬による抑制も試みられていました。ただ、あまり薬の効果が認められなかったのは、被虐待の影響が大きいからではないかと見立てられていました。

2
「愛着」とは：
p.23

3
発達障害と愛着
形成が交差する
困難：p.28

● ネグレクトによる生活経験の不足

　学習の遅れ具合から軽度の知的障害があることも疑われていましたが、驚くほどの生活経験の不足も認められ、ネグレクトの既往から生じている問題が多いことも予想されました。施設措置に至るまでの間、年齢に相応の養育をほとんど受けていなかったため、日常生活動作が自立していないことに加

え、語彙が極端に少なく、文字の読み書きもおぼつかない状態だったそうです。

3　信念体系と行動様式の歪みの連鎖をとらえる

● キレやすい

　キレやすさには、ADHD の特性でもある多動性・衝動性が背景にあると考えられますが、薬物療法を受けても期待された効果が認められないことから、これらが情緒的な要因によってより激しく表出されている可能性も想定されました。特に、恐怖と怒りの感情が未分化で、一度スイッチが入ってしまうと体力が尽きるまでコントロールすることが難しい様子でした。自らを傷つけるほどに壁を殴ったり、手当たり次第に物を破壊したりする様子から、身体的な痛みを伴わないと自分をコントロールできない状態になっている可能性も考えられました。きょうこさんの多動性・衝動性を、家庭では身体的な痛みを与えることでコントロールしていたのかもしれません。

　当然ながら、施設や学校では痛みを与えられることはないので、<u>一度感情が爆発してしまうと、どうやって収めればよいのかがきょうこさん自身にも分からなくなっていた</u>のではないかと考えられます。施設職員や教職員は言葉で慰めたり励ましたりしてきょうこさんの落ち着きを取り戻させようとはたらきかけますが、きょうこさんに愛着形成の困難があったことも考えると、一定程度の身体感覚を伴った情緒体験、心身両面にわたる「心地良さ」などが必要なのだろうと考えられます。幸い、きょうこさん専任の補助教員がついていたことで、落ち着かないときには膝の上に乗ったり負ぶさったりしながら、成長に必要な情緒体験を得られていたようです。ただ、こうした身体接触は小学 2 年生だから許容されるという面があることは否めません。

● 授業に参加しない

　授業中の「うるさい」という訴えから聴覚過敏の可能性が考えられ、また教科書を読んでいるときの「目が痛い」という訴えは、眼球が痛いという意

味ではなく、真っ白な紙と黒い文字のコントラストを強く感じすぎてしまう視覚過敏の可能性が考えられました。担任の先生や補助教員と共有したところ、確かに、静かな授業では比較的落ち着いていることが多い一方で、教室移動や体育館での集会といった自由度が高くザワザワした時間帯にトラブルが多いこと、また、きょうこさんは必ずしも機嫌が悪くてにらんでいるのではなく、常に目を細めている（にらんでいるように見える）のではないかという話も出てきました。

　また、授業中の居眠りは感覚過敏に起因する疲れやすさも関係している可能性が考えられました。きょうこさんの場合には、どこからがADHD特性の問題でどこからが被虐待の問題なのかを線引きすることは難しい状態でしたが、ADHD特性の背景として刺激に反応しやすい脳器質があることを考えると、**耳に入ってくる周囲の音や視界に入ってくる人やモノの動きから過剰な刺激を受けて疲弊している**可能性が考えられました。さらに、**些細な音や光などによっても恐怖心が湧き起こり**、その恐怖に対抗するために暴言や暴力を示す傾向は、被虐待経験のある子どもに多く見られるものです。

　きょうこさんは常日頃から、集団生活が前提となる教室や学校内で刺激の洪水にさらされており、そこに被虐待経験が複雑に合わさって恐怖や怒りを引き起こされやすいのだろうと考えられました。

● 安心感・安全感を保ちにくい

　巡回相談のなかでは、きょうこさんの被虐待経験についての詳細は確認することができませんでしたが、仮に乳幼児期からネグレクトがあったのだとすれば、快−不快の経験に応答したり共有したりしながら、情緒を抱え整えられる関係性[4]を得られなかったことが予測されます。愛着障害という判断がなされていたことから、この可能性は高いものと考えられます。なだめられたり慰められたりした経験が乏しいために、きょうこさんは自分で自分の情緒を抱え整える力を身につける機会を得られなかったようです。また、語彙も乏しいことから、自分の経験している心身の感覚を言葉にして誰かに伝え、応答してもらう経験も積み重なりにくかったと考えられます。

　専任の補助教員がいつも隣にいて、言葉かけによる慰めや励ましを与えてくれているのですが、それだけでは感覚過敏から生ずる不快を取り除くことができないため、**対人関係での安心感・安全感が持続しにくい**状況です。大好きな補助教員との心地良い関係が持続しないため、人間に対する基本的な信頼関係も築かれにくいことが、きょうこさんの情緒面での安定や成長発達にとって大きな障壁となっていました。

4　子どもとの関係を築く

● 安心感・安全感をベースにした基本的な信頼関係の構築

　被虐待経験と感覚過敏のあるきょうこさんの場合、身体感覚レベルで他者とともにある心地良さを積み上げることから始める[5]必要がありました。そのため、施設と学校、および教職員間できょうこさんの認知処理の特異性と養育経験を共有したうえで、必要に応じて抱っこやおんぶも許容すべきことを確認しました。

　愛着形成の問題も視野に入れ、時には乳幼児に接するような声がけでなだめたり慰めたり励ましたりしながら、身辺自立を目指して、教科の学習とともに自立活動的な取り組みにも力を入れました。対人関係のレベルも2〜3歳頃の発達段階であることが考えられたため、常に補助教員が見守りながら、クラスメイトとのやり取りを促していきました。

[4] 共感的で応答的な「誰か」の存在：p.21

[5] 愛着形成の問題に対する支援の方向性：p.27

第3章　行動−情緒の問題を解決する10事例

● 言語を育てる

　快−不快の経験を誰かに抱え整えてもらうためには、自分の経験を言語化して発信できないと応答も共感も得られないため、まずはきょうこさんの言語を育てていく[6] ことを重視しました。育ちの軌跡を踏まえて、絵本などの読み聞かせを行うことなども積極的に取り組みました。

　また、補助教員を中心に周囲の大人がきょうこさんの情緒的な体験を察して、「イライラするね」「哀しかったね」など積極的に言語化していきました。すぐには効果が現れませんでしたが、次第にきょうこさんも誰かに飛びかかる前に「イライラする」などと感情を言葉にして漏らすようになっていきました。

6
情緒の輪郭を描き続けて、思考の道具となる言語を育てていく
：p.68

5　家族との関係を築く

● 児童養護施設の職員との連携

　残念ながらきょうこさんの場合には、学校側が直接家庭と接触することはできない状況でした。その代わりに、家族のように親身になって養育に取り組む施設職員と積極的に情報交換や意見交換の機会を設けるようにしました。学校行事はもちろんですが、施設の行事等に担任の先生をはじめとした教職員が参加することで、きょうこさんを応援する大人がたくさんいること、大人同士が仲良く協力し合えることを目に見える形で示し続けました。

6　支援する

● 安全基地の形成による人間関係の土台づくり

　学校でのきょうこさんの支援にあたっては、ADHD 特性と生育歴の両面を考慮し、補助教員との二者関係をベースとした安全基地を学校内および学級内に作ること、そこを起点にして基本的な人間に対する信頼感や集団のなかでの安心感・安全感の経験を積み重ねること、そして、焦らずに対人関係を広げていくことを継続していくことを教職員間で確認しました。

　学習面での遅れも支援する必要がありますが、まずは集団のなかにいても

安心感・安全感を持続できるようになることが目標となりました。そこから少しずつ、日常生活動作の身辺自立を目指した取り組みの過程で、最小限の読み書きや計算の問題も取りいれていきました。

また、そうした取り組みを通常学級内で行うことが難しい場面も多いため、交流および共同学習の逆パターンとして、特別支援学級で指導を受ける機会も設けていきました。こうした少人数で刺激の少ない環境設定がきょうこさんには合っていたようで、比較的落ち着いて過ごすことのできる時間が増えていきました。

●感覚過敏に配慮する

聴覚や視覚の感覚過敏から、容易に不安や恐怖がかきたてられてしまいます。そこで、耳栓を準備したり、教科書をクリーム色の用紙にコピーしたプリントを用意したりするなどの工夫を行いました。座席も窓側ではなく廊下側に配置し、あまり明るすぎないように配慮しました。

また、刺激が過剰な教室の中では疲労感が高まり眠くなってしまうことも教職員間で共有して、無理矢理に起こすのではなく、クールダウン・スペースとして空き教室や保健室での一時的な休息を提案することにしました。

さらに、柔らかい手触りのお手玉を準備し、触って緊張をほぐすことができるようにしました。きょうこさんもこれを気に入り、きょうこさんなりにイライラを感じるとギューッと握りしめて落ち着こうと努力する姿勢が見られるようになりました。

6 挑戦的で負けを 受けいれられない子ども

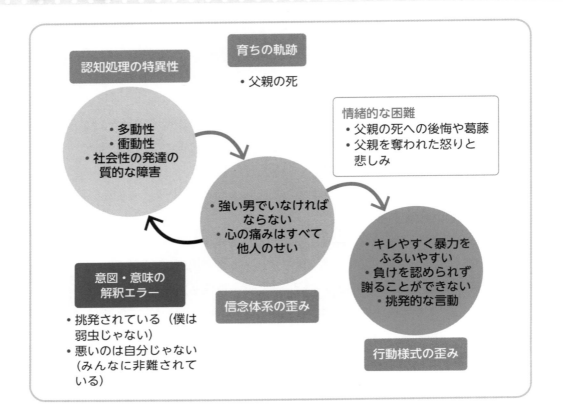

育ちの軌跡
・父親の死

認知処理の特異性
・多動性
・衝動性
・社会性の発達の
質的な障害

情緒的な困難
・父親の死への後悔や葛藤
・父親を奪われた怒りと
悲しみ

・強い男でいなければ
ならない
・心の痛みはすべて
他人のせい

信念体系の歪み

**意図・意味の
解釈エラー**
・挑発されている（僕は
弱虫じゃない）
・悪いのは自分じゃない
（みんなに非難されて
いる）

・キレやすく暴力を
ふるいやすい
・負けを認められず
謝ることができない
・挑発的な言動

行動様式の歪み

事例概要

　小学6年生のたいちくんは、特に高学年になってからクラスメイトとの激しいト
ラブルが続いていたため、教育相談にやってきました。低学年の頃に専門機関でアセ
スメントを受けており、自閉症スペクトラム障害（ASD）の診断と注意欠如・多動
性障害（ADHD）の可能性を指摘されていましたが、家庭でも学校でもそれほど目
立つ困難は示されていませんでした。学習面では、計算問題や暗記問題が得意な一方
で、物語の読解は、点数が低いわけではありませんが比較的苦手でした。

　ある日、学校で、吐く息が白くなるほど寒い日にもかかわらず、たいちくんが窓を
全開にしたため、クラスメイトの一人が閉めようとしたところ、「閉めるな！」とた
いちくんが怒鳴り声をあげて殴りかかりました。また、休み時間にオセロの対戦相手
から「おまえの負けだ」と言われたのに激怒して、頭突きをしました。さらに別の日

の下校中には、クラスメイトたちから日頃の暴力的な行為を非難されると、足元に
あった大きな石を拾って投げつけて、一人にケガを負わせてしまいました。お母さん
が学校に呼ばれ、クラスメイトの家へ謝罪に回ることもしょっちゅうでした。暴力を
ふるうたびに担任の先生から厳しく指導を受けましたが、たいちくんは「悪いのは
アッチだ！」と言い張り、決して謝ることはありませんでした。

　このようなトラブルが続く様子を心配したお母さんに連れられて、たいちくんは相
談に来ました。筆者と2人で相談室に入った途端、たいちくんは「暖房を切っても
いいですか？」と尋ねました。筆者は、「今日は寒いのになぁ」と思いながらも許可
をしました。たいちくんはそのまま窓際へ向かっていき、今度は「ブラインドを上げ
てもいいですか？」と求めました。不思議に思った筆者は「どうして？」と尋ねてみ
たところ、「光合成が大事だから」と答えました。腑に落ちないまま、ついでに「暖
房を切ったのは？」と尋ねると、「温室効果ガスを減らさないといけないから」と断
言したので、むしろ謎は深まりました。

　たいちくんは筆者との対戦ゲームを好みました。オセロや将棋で筆者が勝つと、鋭
い目つきでにらみつけて「チクショー」とつぶやき続けます。自分が勝つと「大人の
くせに弱いなぁ」「ここでこうすれば勝てたのに」と挑発する口ぶりで、腹を立たせ
るようなコメントをしつこく続けるので、筆者もだんだんとイライラしてくることが
よくありました。

　ゲームをしながら、たいちくんはよくお話もして
くれました。幕末の歴史や人物が大好きで、特に
「新選組が好き」なのだと教えてくれました。学校
で新選組ごっこをしても誰も相手をしてくれないと
嘆き、自作した隊旗を持参して見せてくれた際に
は、たいちくんが「歴史を変えたい」「新選組が負
けなかった歴史にしたい」と漏らしました。その真
剣な眼差しに強い想いが込められていることが印象
的でした。

認知処理の特異性を知る

● 多動性・衝動性
　突然怒鳴り声をあげて殴りかかる、「負け」と言われたことに激怒して暴力をふるうという行動から見立てられます。

● 社会性の発達の質的な障害
　物語の読解が苦手であるという点、他者が寒がっていても窓を開け放ったり暖房を切ったりする、しつこく挑発して相手をいら立たせるという行動から見立てられます。

2　育ちの軌跡を知る

● 父親の死
　毎日のようにトラブルの絶えないたいちくんの言動理解を深めるためにも、お母さんとの教育相談も毎週継続しました。相談当初から、お母さんはとても沈痛な表情で苦悩に満ちた様子でしたが、数か月の期間を経て、ようやく親子の謎を解く鍵となる話題が口にされました。それは、数年前に起きた災害によってお父さんが亡くなっているという事実でした。それも建物内に閉じ込められた窒息死だということで、たいちくん自身もその光景を目にしているらしいというのです。
　お母さんは突然のパートナーとの別れをいたむ余裕もなく、必死に一人で子育てを続ける必要に迫られました。我慢強い性格だったために、大事な人を失った哀しみや苦しみを漏らすことなく、仕事に没頭することで乗り越えようと必死だったようでした。そうしたお母さんの態度を見ているためか、たいちくんもお父さんの死について一切周囲に口にすることがなく、胸のうちを明かすことは今までなかったということでした。どちらかから話題に出せば相手を深く傷つけてしまうのではないかという強い不安をお互いに抱いており、家庭内でお父さんの話をすることは一種のタブーとなっていたようです。

**3　信念体系と行動様式の歪みの連鎖を
とらえる**

● キレやすく暴力をふるいやすい

　お母さんからお父さんが亡くなった話を聞いて、筆者はようやくたいちくんの不可解な言動の意味を理解できたように思いました。部屋の窓は開け放っておく必要があること、光合成によって酸素を作り続けなければならないこと、温室効果ガスを減らして酸素を守らなければならないこと、全てがお父さんの死につながっていたのです。客観的には、確かにお父さんは亡くなっているのですが、たいちくんの心のなかではまだお父さんは生き続けており、呼吸するのに必要な酸素を送り続けないと<u>今度こそ本当に死んでしまうのではないかという恐怖に駆られていた</u>のではないかと考えさせられました。突然の喪失を経験した人であれば誰でも同じような反応を示しますが、たいちくんも<u>「あの時、自分がもっと〇〇していれば…（助かったかもしれない）」という後悔や葛藤を抱え込んでいた</u>だろうことは容易に想像がつきます。

　もちろん、衝動的に出てしまう暴言や暴力の背景には、たいちくんのADHD特性が関連していることは否定できませんが、それに加えて、このような家族の悲劇が強く影響を与えていることが想定されますので、粗暴な言動の抑制を支援のゴールに置くだけでなく、たいちくんの恐怖や深い喪失感に対するケアを行うことも必要不可欠になります。

　さらに、新選組の魅力について筆者が尋ねた際、たいちくんのお気に入りの隊士の散り際について「カッコいい」と口にはしましたが、その表情はとても重苦しいものでした。そうした言動から、おそらくたいちくんが「新選組が勝った歴史に変えたい」と繰り返し語っているのは、幕末の史実のことだけを指しているのではなく、自身の家族の歴史のことを重ねているのだろうとも考えさせられました。

● 負けを認められず謝ることができない

　筆者とさまざまな話をするなかでも、たいちくんからお父さんの話が出る

ことは一切ありませんでした。ただ、たいちくんの言葉の端々から「自分が
お母さんを守らなければ」という決意のようなものや、「お父さんのように
強い男でなければいけない」という思い込みが感じられました。

　ASD特性から生じやすい「負ければ無価値になる」といった極端な思い
込みや、抽象的・観念的な「強さ」がゲームやケンカの具象的・表面的な
「強さ」と混同されている点も、たいちくんの負けを認められない言動の背
景として認められます。ただ、そうした特性に加えて、強い男であるお父さ
んと心のなかで一体化しているたいちくんにとって、負けるということは、
お父さんの負けを意味することでもあるため、さまざまな局面において、<u>お
父さんが亡くなったのは弱かったからではないということを自分にも周囲に
も証明せずにはいられなくなる</u>のだろうと考えられました。ただゲームをし
ているだけのときにも、そうした必死なオーラがたいちくんの全身から漏れ
出ていました。

● 挑発的な言動や罪悪感の希薄さ

　たいちくんはいつもイライラしていました。同時に、クラスメイトだけで
なく、担任の先生や筆者等の年長者に対しても挑発的な言動を示していまし
た。こうした行為は、二次的障害としての反抗挑戦性障害の可能性を考える
こともできますし、お父さんの喪失後のストレス反応としての抑うつである
可能性も考えられます。共通していることは、お父さんの喪失を巡るたいち
くんの心の整理やケアができないままでいるため、行動上の問題として漏れ
出ていることだと筆者は考えました。

　たいちくんはおそらく、理不尽にお父さんを奪い去った運命や神仏への激しい怒りに満ちていたのだと思います。まさに心的状態が妄想−分裂ポジション[1]のさなかにあるため、心の痛みは全て外から押しつけられたものと体験されやすく、自らの内側から生ずる罪悪感は体験できないことが予測されました。また、この場合の怒りは、哀しみと表裏一体となっているものなので、喪失の哀しみに向き合わないと怒りは静まらないものだと考えられました。

 子どもとの関係を築く

● 共感をベースにした信頼関係の構築

　暴言や暴力に至るまでの過程にたいちくんなりの理由はあるのですが、結果としては、ほぼ毎日のようにたいちくんが暴力をふるっているために、学校では孤立無援状態でした。たいちくんの行為の善悪について教え諭す役割は学校の教職員に任せることにして、筆者はたいちくんが直接の行為に至るまでの過程や行為の背景にある心情を理解することに努めました。具体的には、批判や意見を差し挟むことなく、ただひたすらにたいちくんの言い分を聞いていただけなのですが、たいちくんは回を重ねるごとに、筆者の前ではお父さんのことを除いては安心して語れるようになっていきました。

● 安心・安全に配慮しながら体験の輪郭を言語でなぞっていく

　お父さんの死を巡る、たいちくんの心の奥底にあるだろう言葉にできない喪失感や怒り、哀しみについても、耳を傾け続けました。たいちくんの言動がお父さんのこととつながっていることを直接的に言語化すると、かえってたいちくんを深く傷つける危険性が高いため、十分に気をつけつつ、「理不尽だと感じると、黙ってはいられないみたいだね」や「なんだか分からないけど、いつも心がザワザワしていて落ち着かないみたいだね…何かに腹を立てているみたいにも見えるよ」などと言語化していきました[2]。

1
妄想−分裂ポジション：p.14

2
言葉にできない情緒体験をとらえて、言語化してその体験の輪郭を描いていく：p.67

第**3**章
行動−情緒の問題を解決する10事例

5 家族との関係を築く

● 情緒的困難を共有する

　たいちくんの具体的な言動から、ASD や ADHD の特性に合わせた対応方法を確認することと合わせて、情緒的な困難とその現れである言動の意味をお母さんと共有していきました。お父さんのこととたいちくんの暴言・暴力に何らかの関連があるだろうと考えていたお母さんも、1 つずつ筆者とともに言動の意味を確認していくことで、たいちくんの心の傷を知的にではなく情緒的に理解するようになっていきました。

● 母親への心的ケアとサポートの体制を整える

　お母さんは仕事と子育てに没頭することで、自身の心の痛みに向き合うことを避けてきたようでした。きっとそうしなければ心が折れてしまっていたのだろうということは十分に理解できますが、そうした状態が数年間も続いてしまうと、誰でも情緒が麻痺してしまいます。お母さんの健康が損なわれれば、たいちくんも自分の情緒的な困難に向き合うどころではなくなります。

　そこで、まずはお母さん自身の気持ちの整理と心のケアも大事であることを確認したうえで、医療や心理の専門的なケアが受けられる場へとつなごうと試みましたが、なかなかお母さんは気が乗らないようでした。そこで、大切な話を筆者に打ち明けてくれたことに感謝を伝えつつ、担任の先生とはたいちくんの言動の理解を共有していく提案をし、ケアを受ける同意を得ることができました。

6 支援する

　学校では、たいちくんの行動の背景を ASD や ADHD の特性という観点からとらえていましたが、筆者の勧めでお母さんが担任の先生等にお父さんの話を打ち明け、たいちくんとお母さんの心のケアを重視する方針を共有しました。たいちくんがスクールカウンセラーとのカウンセリングを活用でき

るように連携し、またお母さんの納得を得るまでに時間はかかりましたが、お母さん自身が外部機関でカウンセリングを受けることにつなぎました。その結果、母子の表情は少しずつ和らいでいきました。

　これに加えて、たいちくんが所属しているバスケ部の顧問の先生が心身ともにたくましい男性で、ちょっとやそっとでは傷ついたり倒れたりしない先生でした。たいちくんは文字どおり、体当たりの勢いで向かっていき、それを受け止めてもらう体験を積み重ねるなかで気持ちが安定していき、学校内でのトラブルは少しずつ減っていきました。

7 さまざまな心身症状を示す 思春期の子ども

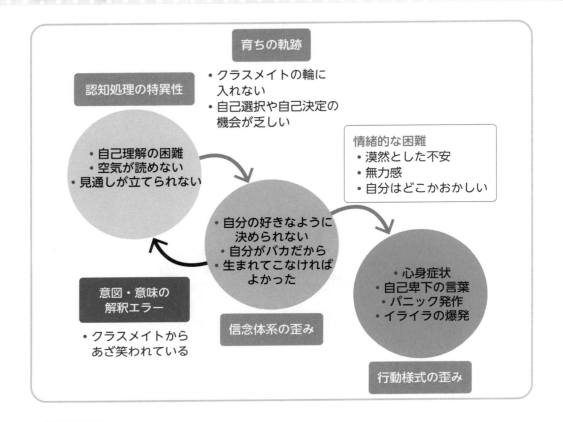

育ちの軌跡

認知処理の特異性
・自己理解の困難
・空気が読めない
・見通しが立てられない

・クラスメイトの輪に入れない
・自己選択や自己決定の機会が乏しい

情緒的な困難
・漠然とした不安
・無力感
・自分はどこかおかしい

自分の好きなように決められない
・自分がバカだから
・生まれてこなければよかった

心身症状
・自己卑下の言葉
・パニック発作
・イライラの爆発

意図・意味の解釈エラー
・クラスメイトからあざ笑われている

信念体系の歪み

行動様式の歪み

事例概要

　なほこさんは、中学3年生になった頃からさまざまな体調不良を訴えるようになりました。特に偏頭痛や腹痛がひどく、朝にベッドから出られなくなったり、登校してすぐにトイレへ駆け込み、1〜2時間こもったりしていました。病院を受診しても、特に問題となる点は見当たらず、飲み薬を処方されるだけでした。夏休みが明けてからは、ご家族に「眠れない」と漏らすようになり、日中もボーッとしていることが増えてきました。同時期に、食欲も減って痩せていきました。

　高校入試に向けた受験勉強に取り組まなければならない時期ですが、「集中できない」と訴え、以前のように学習が進みません。ご家族の些細な言葉にも過敏に反応し、イライラを爆発させるようになりました。ご両親からは「よく家中をうろつき歩き回ったり、ブツブツと独り言を言ったりしている」「急にカッとなって奇声をあげ

134

ることや、壁を殴ったり蹴ったりして穴を開けることがある」などと語られました。

　学校では一人で過ごしていることが多いなほこさんでしたが、ある日の休み時間、クラスメイトが志望校をどこにするかで談笑していた横で過呼吸のパニック発作を起こし、保健室に運ばれました。3年生になってからさまざまな身体症状を示して、頻繁に保健室を利用していたこともあり、養護教諭の先生がとても心配してくれました。発作が落ち着いてから、話をじっくりと聴いてもらうと、ボロボロと涙を流しながら、なほこさんは「周りのみんなと違って、自分が何をしたいのか、どの高校へ行ったらいいのか分からない」「そんな自分をみんながあざ笑っている」「頭のなかがグチャグチャでうまく考えがまとまらない」ことを、一生懸命に言葉にしました。何度も話が行き来しながら、同じ言葉を繰り返していると、過去にクラスメイトから悪口を言われたり無視されたりしたつらい経験がフラッシュバックしてきます。最後には「自分がバカだから」「生まれてこなければよかった」などと自分を責め立てました。

　高校受験を前に、クラスメイトは将来の夢や高校生活への不安と期待を語り合うことで、互いを励まし合っていましたが、なほこさんは「中学校の制服を脱いだら自分はどうなってしまうのか？」「電車やバスにちゃんと乗って高校へ通うことができるのか？」「部活は何に入ったらいいのか？」といったことに一人で悩んでおり、時折、口に出してご両親に相談しても「そんなのテキトーでいい」「高校に入ってから決めればいい」「現実逃避（受験から）したいだけでしょ？」と言われてしまいます。

　学級や学年全体が受験ムードに染まり、年末年始を迎える頃には、なほこさんは発作への恐怖で自分の部屋から出られなくなってしまったため、養護教諭の先生からの勧めで心療内科を受診し、さまざまな身体症状への治療を受けました。その際に、自閉症スペクトラム障害（ASD）の可能性を指摘されました。

1
主体的に何かを
決めることが難
しい：p.38

2
目に見えるモノ
やコトしかとら
えられない：
p.36

① 認知処理の特異性を知る

● 自己理解の困難（メタ認知の困難）

自分のやりたいことや志望校を決めることができないという点[1]から見立てられます。

● 空気が読めない（社会性の発達の質的な障害）

「空気が読めない」言動のために、クラスメイトから距離を置かれているという点[2]から見立てられます。

● 予測や見通しの立たない状況への不安

高校進学にあたって制服や部活、通学等への不安を訴えるという行動から見立てられます。

② 育ちの軌跡を知る

● クラスメイトとの距離

乳幼児期からの発達の様子を問診した主治医から勧められた発達検査の結果、なほこさんはASD特性が強いことが分かりました。教職員からは内向的でマイペースなキャラクターだと見えていたのですが、実際には「空気が読めない」言動のために、クラスメイトからは距離を置かれており、小学3〜4年生頃に密になる女子の小グループに入れない状態となり、それが中学校でも続いていたことが分かってきました。

● 自己選択・自己決定の機会が乏しい

なほこさんを心配していたご両親は、幼少期から習いごとや塾、家庭での過ごし方なども全て決めてあげていて、なほこさんが自分で何かを選択したり、主体的に決めたりしてこなかったことが分かってきました。なほこさん自身も何となく「みんなと同じようにできない」「仲良くなれない」「やりたいことが見つからない」ことに自覚はあったのですが、それがなぜなのかは

自分でも分からないままでした。

 ## 3 信念体系と行動様式の歪みの連鎖をとらえる

● 心身症状の発現とストレス

　暴言や暴力といった対人関係面での大きなトラブルや、学習面での目立った困難が示されなかったため、なほこさんに ASD 特性が強いことはなかなか周囲にとらえられず、具体的な支援にはつながっていませんでした。家庭内で奇声をあげたりうろつき回ったりする、時々激昂するなどの様子は、思春期によく見られる反抗期の表現だと誤解されやすい点でもありました。

　食欲低下と体重減少、不眠、怒りっぽさなどは、抑うつ状態を示す典型的な徴候です。また、その前兆とも思える偏頭痛や腹痛等の訴えは、いわゆる「不定愁訴」と呼ばれるもので、登校渋りや引きこもりにつながる可能性のあるサインでした。思春期の女子はホルモンバランスの変化等から心身に不調を覚えることも多いため、心理的なストレスが関連していることを見逃しやすくなってしまいます。

　特に ASD 特性によって、なほこさんは体調が普段とどのように違うのかといった自分の内的感覚体験や「緊張している」「受験のストレスが大きい」といった情緒状態を意識的にとらえ、適切に言語化して周囲に伝えることが難しかったようです。そのため、直接的に心身の症状として表現することでしか周囲に理解されない状態に陥ってしまいました。

● 不安の高まり

　目に見える具体的な水準（制服や通学方法等）での不安が無数に浮かんでくるのですが、その一つひとつに対する疑問や不安に応えてもらっても、<u>根幹にある「大人になること」や「成長に伴う変化」への観念的・実存的な不安</u>に向き合うことができていないので、いつまでもそうした不安は払拭されずに残り、年齢が上がるにつれて高まってしまいます。

　高校生になることは大人になるための 1 つの通過点であるという人生の

大局的なプロセスと、高校で人間関係や生活環境がリセットされることに伴う期待や不安との位置関係をうまく整理してつなげられないようです。ただモヤモヤとした感覚のみが溜まっていきますが、なほこさんのASD特性から「集中できない」「頭のなかがグチャグチャで」という表面的な感覚しかとらえられません。さらに、育ちの過程で「自分は何をしたいのか」「将来どうなりたいのか」といった自己選択や自分の得意・不得意、どのような進路が向いているのかといった自己理解を深める機会が少なかったため、進路についてご家族や学級担任の先生に相談して「あなたの好きに決めていいんだよ」と言われると、余計に不安が高まってしまったようでした。

● 被害的な感情

　時間の経過とともに悪い記憶が薄れていくと、家族やクラスメイトなどとの楽しかった記憶をよりどころに新しい人間関係にも期待を抱けますし、誰かに叱られたり悪口を言われたりしたつらい記憶を忘れることで、いったんこじれた人間関係を修復できる可能性も生じます。しかし、一般的なASDの特性として、記憶が上書きされにくい傾向があるようです。

　加えて、なほこさんは、同世代集団での関係性が親密になる小学校中学年からクラスメイトとのかかわりが希薄になってしまったこともあり、余計に実際の人間関係のイメージを上書きする機会が乏しかったのだと考えられます。これに空気が読めないという特性も重なり、クラスメイトとの関係で何かがうまくいっていないことは認識できても、原因や理由が分かりませんでした。なほこさんは「自分ではどうすることもできない」という無力感とともに、「自分はどこかおかしい」という漠然とした感覚を抱いていたようですが、その不全感は自分のなかから生じた感覚ではなく、「クラスメイトからあざ笑われている」という迫害的な感覚へと置き換えられてしまっていたようです。対人関係を被害的な感情で色づけてしまう妄想−分裂ポジション[3]の状態に陥っていました。

　思春期の心理的状態として、自分の外見や内面を同世代の他者と比較することを繰り返すため、劣等感や孤独感が深まることは避けられません。そのうえ、クラスメイトとのつながりが希薄だったことで、なほこさんは「みん

なも同じように悩んでいるんだ」という安心感を得る機会も少なくなってしまいました。

4　子どもとの関係を築く

● 言葉にならない情緒を言語化して共有する

　なほこさんの場合、漠然とした将来を不安に感じても、それについて言語化したり、実感を伴って他者と共有したりすることが難しかったため、うまく誰かに相談することができませんでした。そこで、ASD 特性を踏まえつつ、例えば、実際に高校の制服や通学路を目で見て（視覚化）確認するだけでなく、高校にはどのような教職員やクラスメイトがいて、自分はどう接すればよいのか、見知らぬ無数の人々と満員電車に揺られて移動することに伴う息苦しさや緊張感から気分が悪くなったらどう対処すればよいのかなど、言葉になっていない具体的な不安や心配について確認し言語化することを促していきました。そして、心配なこととそれに対する対処法について、なほこさん本人と共有していきました。

● 自己理解を深めていく

　目前に迫っている高校生活に対する見通しを立てることに加えて、もう少し長期的な視点で見た際、そもそもなほこさん自身はどのような人生を歩んでみたいのかについて輪郭を描いていくために、まずは自分について理解していくことを促していきました。その第一歩として、自分の心身に生じてい

4
障害なので「治す」「克服する」のではなく、「自分の特性とうまく付き合っていく」ことを目指したい：p.50

ることについて理解を深めることを試みました[4]。緊張という情緒レベルでの体験は ASD の特性上とらえづらいと考えられたので、身体感覚として「どういうときに身体がこわばったり、動悸が速くなったり呼吸が浅くなったりするのか」といった点から、自分の苦手とする場面や文脈を理解できるように支援しました。同時に、自分がリラックスしているときの身体の状態や実力を発揮するのが得意な場面や文脈についても具体化していきました。

5　家族との関係を築く

● 発達障害の認知処理の特異性に対する理解を深める

なほこさんのご両親は、我が子に発達障害があることに驚き哀しむのと同時に、乳幼児期からの他児との様子の違いに関する疑問が晴れたことで納得もしていました。ご両親の元々の ASD に対する知識に加えて、具体的になほこさんの言動のどのような点に ASD 特性が現れているかを確認し、何をどこまで頑張らせれば良いのかを一緒に考えていきました。

● 具体的な支援の方向性を共有する

二次的障害と考えられる抑うつ症状や偏頭痛等の身体症状がすでに示されているので、服薬等の医療的なケアを積極的に活用しながら、まずはストレスの大きい高校受験をできるだけ負荷がかからないように乗り切ることを提案しました。またさらに、少し先の将来を見据えて、なほこさんの自己選択・自己決定の機会を増やしていくことなども提案していきました。なほこさんが部屋からなかなか出られなくても無理をさせず、焦らず穏やかに接していくことが必要であることも確認しました。

6　支援する

● 医療と連携して心身の状態を安定させる

学校ではご両親との面談を重ねて、養護教諭の先生から心療内科の受診を勧めました。その結果、パニック障害に加えて、不安定な睡眠、食欲と体重

の低下、集中困難等の状態から「うつ状態」であることが伝えられ、服薬を始めました。これによって身体的な状況は落ち着いていきました。

● 主体的な自己選択や自己決定を支援する

　養護教諭の先生を基点として校内外の支援ネットワークを形成していきました。学級担任の先生との進路相談や、病院や学校のカウンセラーとのカウンセリングを通じて、自分に対する理解を深めたり、ご両親の理解と協力の下で簡単な自己選択や自己決定を積み上げたりしていく機会を増やしました。

　まずは高校受験を最優先に学習を進め、高校入学後に本格的に自己理解を深めて、自分の将来について考えていけるよう、「通級による指導」を受けることができる高校なども進路先に含めて、中学校卒業後の環境づくりの重要性を確認していきました。

第3章　行動－情緒の問題を解決する10事例

8 ゲームに熱中しすぎる思春期の子ども

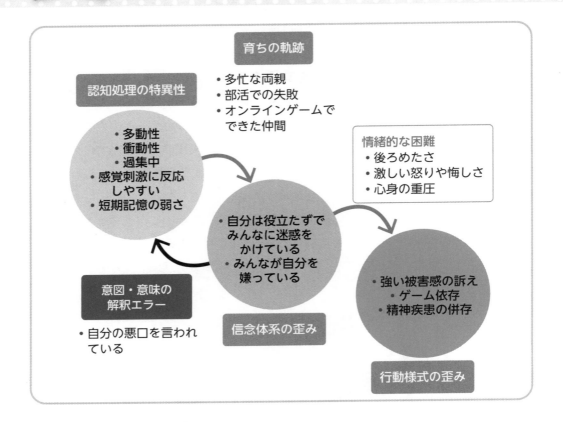

育ちの軌跡
- 多忙な両親
- 部活での失敗
- オンラインゲームでできた仲間

認知処理の特異性
- 多動性
- 衝動性
- 過集中
- 感覚刺激に反応しやすい
- 短期記憶の弱さ

情緒的な困難
- 後ろめたさ
- 激しい怒りや悔しさ
- 心身の重圧

- 自分は役立たずでみんなに迷惑をかけている
- みんなが自分を嫌っている

意図・意味の解釈エラー
- 自分の悪口を言われている

信念体系の歪み

- 強い被害感の訴え
- ゲーム依存
- 精神疾患の併存

行動様式の歪み

> 事例概要

　ともやくんは、小学3年生の頃から教室での離席や暴言等が目立つようになり、専門機関を訪れることになりました。注意欠如・多動性障害（ADHD）と診断されたことから気持ちを安定させるための服薬を始め、同時に「通級による指導」で感情のコントロール方法等を学ぶようになると、見違えるように落ち着きました。そのため、本人の希望もあり、中学校では服薬は続けるものの、「通級による指導」はいったんやめることになりました。

　中学1年生のときは学習成績も良好で、入部した野球部でも活躍していましたが、2年生の夏に「県大会まであと一歩」という大事な試合でミスをしてしまい、ともやくんのチームは負けてしまいました。監督やチームメイトから非難されるようなことはありませんでしたが、ともやくんはその日以来、「みんなが自分の悪口を言ってい

る」「にらまれたり無視されたりしている」といじめを訴えるようになり、勉強にも手がつかなくなっていきました。

　ちょうど同じ頃、ともやくんはオンラインゲームに熱中し、夜遅くまでゲームをするようになりました。だんだんと昼夜の生活リズムが逆転し、朝起きることが難しく、学校も欠席や遅刻をする日数が増えていきました。筆者とのカウンセリングを通じて、夜中にゲームをせずにベッドに入ってもまったく眠れないため、ゲームをして疲れ切ることで、ようやく「寝落ち」することができる状態なのだと分かってきました。実は、家にいても「悪口が聞こえてくる」ことがあり、学習しようと静かな環境を作ると余計に気になること、オンラインゲームの派手な効果音やBGM、目に飛び込んでくる刺激的な映像で、そうした嫌なことを追い払っているのだということでした。

　ご両親は共働きで、ともやくんよりも先に家を出てしまうため、学校からの連絡でともやくんが登校していないことが分かるという日が多くなりました。「学校でのいじめが原因で登校できなくなっているのではないか」と心配したご両親は学校へ相談に行きましたが、どれだけ調査してもいじめと考えられるような事実は浮かび上がってきませんでした。

　主治医に相談したご両親は、登校渋りの背景として「いじめよりもゲームの問題が大きい」という助言を受け、何度かゲーム機を隠したり、インターネットの接続を制限したりしました。すると、ともやくんは泣き叫び、手当たり次第に物を投げて暴れたり、反対にベッドの中でじっと固まってまったく動かなくなったりしました。時々、「うるさい」などブツブツと独り言を言っていることもあるようでした。ゲーム依存のような状況がなかなか改善されないなか、高校受験も目前に迫ってきていましたが、ともやくんの学習意欲はますます低下してしまい、机に向かっても頭を抱えるばかりでした。

認知処理の特異性を知る

● 多動性・衝動性

　小学3年生頃から目立つ教室での離席や暴言という行動から見立てられます。

● 注意・集中や思考の切り替えが困難（過集中）

　部活での失敗からなかなか立ち直れない（気持ちが切り替えられない）という点、オンラインゲームに没頭しゲーム依存のような状態になっているという点から見立てられます。

● 感覚過敏による疲労

　ゲームをせずにベッドに入っても眠れないという点、対人関係や学校生活に溢れるさまざまな聴覚刺激や視覚刺激に反応しやすく、脳レベルでの興奮状態が続いて疲れやすいという点から見立てられます。

 育ちの軌跡を知る

● 多忙な両親

　ともやくんのご両親は自宅から少し離れた場所で自営業をしていました。朝早くから開店準備のため、ともやくんよりも先に仕事へ出かけてしまいます。小さな頃から一生懸命に働いているご両親の姿を見てきた責任感の強いともやくんは、心配をかけないよう、学習や部活、家事の手伝いなどを頑張ってきました。

● 部活のチームメイトやゲーム仲間との関係性

　責任感の強さから、自分のミスで部活の試合に負けてしまったショックも人一倍大きかったようです。ともやくんが誰よりも一生懸命に部活に取り組んでいたことを知っているチームメイトは、決して非難することはなかったのですが、そのことがかえって罪悪感を刺激し、ともやくんは部活に自分の

居場所を見つけられなくなっていきました。その一方で、オンラインゲームのチャット仲間には何でも気軽に話せるようで、ここが新たな居場所となっていたようでした。

③ 信念体系と行動様式の歪みの連鎖をとらえる

● 強い被害感を訴える

主治医と連携した相談に訪れたともやくんでしたが、硬い表情のまま座ったきりで、まったく口を開こうとしません。時折、何か言いたげな表情は見せるのですが、息を潜めて聞き耳を立てているような仕草で警戒心を強く示していました。「何か気になっていることがあるみたい」と筆者が口にすると、ともやくんは思い切ったように「この部屋には隠しカメラがありますよね？」と口にしました。筆者は驚き「本当?!　どこにありそう？」と尋ねると、「あそことそこと、そこ…」と通風口や書棚を指さしました。そこで、筆者はともやくんと指さした場所を調べ、何もないことを実際に確認しました。ともやくんはようやく安心した様子で、少しずつ話をするようになりました。

筆者との相談のなかで、チームメイトの責める声が「聞こえる」ことや、やがてクラスメイトも自分を責めているように「感じて」教室にいづらくなったこと、登下校時など学校以外の場所でも、みんなが自分の悪口を言ったりあざ笑ったりしている声が「聞こえる」ことを苦しそうに語りました。ただ、実際の状況を確認していくと、上記の隠しカメラのエピソードのように、チームメイトなどから本当に言われた言葉ではなさそうで、思い込みや時には幻聴に近いもののようだと考えられました。

自身のうちにある後ろめたさから周囲の言葉に過敏になっていたことに加えて、聴覚的な短期記憶の弱さもあり、チームメイトが口にした言葉を断片的に拾ってしまい、自分の悪口を言っているようにとらえやすくなっていたようでした。

● ゲームへの依存状態

　一方で、オンラインゲームのなかでは、敵を倒すためにチームを組んだ仲間（見知らぬ相手）とのチャット（文字でのやりとり）を通じて自分の悩みを聴いてもらったり、アドバイスを受けたりしていることが心の支えとなっていることも打ち明けてくれました。文字でのコミュニケーションであれば、聴覚的な短期記憶の弱さに左右されることなく意味理解が可能となるため、相手の意図や想いを取り違えることは少なく、安心して話ができるのだろうと考えられました。さらにいえば、<u>小学生の頃、衝動的にクラスメイトへの暴言や暴力が出てしまったことを深く後悔していて、バーチャルなゲームの世界で激しい怒りや悔しさをぶつけることで気持ちを鎮めようと</u>、ともやくんなりに思案してたどり着いたのがゲームへ没頭することでした。

　そのほかにも、同時処理[1]の苦手なADHDの特性から考えると、家事の手伝い、学校での学習や部活動等、複数のことに気を配りながら生活するのに、かなり無理をして頑張っていたことも予測されました。それに加えて、やはりADHDの特性として外界からの刺激に対して反応しやすい体質があるため、ともやくんは<u>心身ともに疲労困憊の状態</u>だったことも想定されました。そうした<u>心身を圧迫する重圧</u>から解放される避難所として、オンラインゲームのバーチャルな空間が必要だったのかもしれません。

　ともやくん自身も口にしていますが、派手な効果音やBGM、キャラクターの動きなどに没頭して心を空っぽにして、刺激負荷を解放していたように考えられます。ただ、ADHDの特性として、過集中になりやすい面もあるので、ストレスの解放で始まったゲームを終えることができなくなっている面も否めません。

● 精神疾患が併存する

　精神疾患のなかには、発達障害の二次的障害の帰結というよりも、あまりに個人にかかる負荷が高いと発症してしまう生来的な素因（遺伝的なリスク要因）が関連したものがあります。ともやくんはそうした体質が生まれつきあったうえで、ADHDの特性である過敏性や責任感の強い性格も絡み合って、併存障害としての精神疾患へと展開した可能性があります。

1
短期記憶が弱い・同時処理が難しい：p.40

責任感が強いことは決して悪いことではありませんが、ともやくんの努力でカバーできるキャパシティを超えた心理的負荷がかかった際に、「自分は役立たずだ」「嫌われているんだ」と被害的にとらえてしまう、妄想−分裂ポジション[2]の心的状態に陥ってしまったのだと考えられます。

2
妄想−分裂ポジ
ション：p.14

4 子どもとの関係を築く

● 安心感・安全感をベースとした信頼関係の構築

隠しカメラのエピソードの例で示したように、ともやくんの強い警戒感や被害感を否定せず、不安に感じていることや疑問に思っていることを遠慮なく言語化するよう促しました。隠しカメラのように、その場で解決できることは現実的に解決するようにしましたが、その場では確認できない「悪口を言われている」という訴えなどについては、「それはともやくんの勘違いだよ」と否定するのではなく、「言われているとしたら、とても哀しいし悔しいだろう」といった共感の想いを言語化して共有する[3]ようにしました。

3
共感と共有で信
頼が生まれる：
p.64

● 言葉にならない想いをとらえ情緒の輪郭を描いていく

それと同時に、ともやくんがこれまでご両親やチームメイトのことを気遣ってどれほどの努力を重ねてきたのかを具体的なエピソードから確認していき、そうした気遣いや努力をみんなにも認めてもらいたい想いがあることを言語化して共有していきました。また、これまでの頑張りから、現在は心身ともに疲労してしまった状態であること、特に体質的に脳が疲労してしまっている可能性があることを伝えていきました[4]。

4
言葉にできない
情緒体験をとら
えて、言語化し
てその体験の輪
郭を描いてい
く：p.67

5 家族との関係を築く

● 両親の苦労をねぎらいつつ協力関係を築く

❷で確認したように、ともやくんのご両親は家業に忙しく、想いはあっても現実的にはともやくんになかなか手をかけられない状態でした。さらに、精神疾患の可能性について伝えても、実際に医療機関を訪ねることについては気持ちの面で抵抗が非常に強く、多忙を理由に拒まれ続けました。

精神疾患の可能性を口にして以来、筆者との相談からは足が遠のいてしまいましたが、ともやくん自身が積極的に筆者との相談を続けていたことや根気強く学校側からコンタクトを取り続けたことから、ようやく医療機関へとつながり、ともやくんが直面している困難についての理解を共有することができました。

6 支援する

● 医療との連携

これまで ADHD をケアしていた主治医に現状を相談した結果、ともやくんは精神疾患の状態でもある可能性を指摘され、ADHD にかかわる服薬に加えてそれに対応した新たな治療を受け始めました。

すると、短期間のうちに悪口は「聞こえなく」なり、夜間もぐっすりと眠ることができるようになりました。

● 校内での支援体制を整える

中学校での「通級による指導」も再開することにしました。ともやくんの認知処理の特異性に合わせた学習への取り組み方、特に聴覚的な短期記憶を向上させるワークを行ったり、脳が疲れない学習環境の作り方を検討したりしました。また、通級指導担当を独り占めしてゲームや対話をすることで日々のストレスを発散したり、あるいは大人を頼れない状況にあってもストレスに対処できる方法を SST で学んだりしました。

さらに、対人関係や学校生活に溢れるさまざまな聴覚刺激や視覚刺激に反

応しやすく、脳レベルでの興奮状態が続いて疲れやすいというADHDの特性も考慮して、登校時には不登校傾向の生徒が自由に通える校内フリースペースを利用して静かな刺激の少ない環境での学習補充を行ったり、小グループでさまざまな悩みごとや不安を語り合う機会を設けたりしました。これが好循環となり、ゲームではなく学校のなかで自分の居場所を見つけることができました。

　ゲーム依存から抜け出し、学校に通う楽しさを感じられるようになったともやくんは、ご両親とも話し合って、高校は自分のペースで通学し、学習を進めることができる単位制の学校を受験することに決めました。

第3章　行動－情緒の問題を解決する10事例

勝手な発言で担任と
うまくいかない子ども

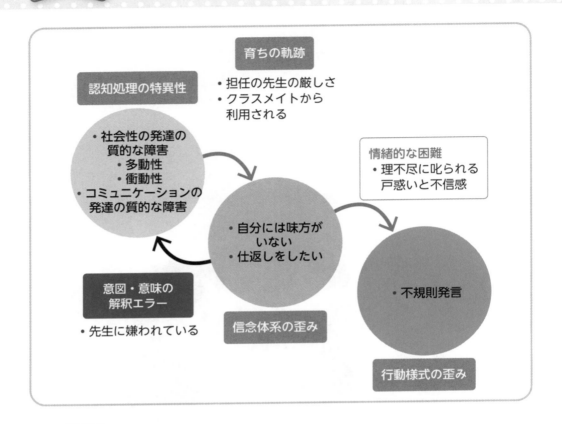

育ちの軌跡
・担任の先生の厳しさ
・クラスメイトから
　利用される

認知処理の特異性

・社会性の発達の
　質的な障害
・多動性
・衝動性
・コミュニケーションの
　発達の質的な障害

情緒的な困難
・理不尽に叱られる
　戸惑いと不信感

・自分には味方が
　いない
・仕返しをしたい

意図・意味の
解釈エラー

・先生に嫌われている

信念体系の歪み

・不規則発言

行動様式の歪み

事例概要

　小学5年生のしげるくんは、人一倍正義感の強い児童で、学校の規則や学級での
ルールを守らないクラスメイトを厳しく問い詰めます。一方で、自分のことは棚に上
げた言動も多いので、反論されて言葉に詰まると手や足が出てしまうこともありま
す。それでも、しげるくんはその正義感から、困っている友だちを見つけたらすぐに
駆けつけて、助けようとしてくれます。

　ある日、仲の良い友だちが他クラスの子どもからプロレス技をかけられていて、
「助けてくれ」と「笑顔で」しげるくんを呼んだ際に、相手を本気でやっつけてしま
いました。後で単なる「プロレスごっこ」だったと聞かされても納得がいかず、なか
なか謝ることができませんでしたが、クラスでも「困ったときにはしげるくん」と頼
られる存在でした。

　授業中のしげるくんは熱心で、担任のちえみ先生が質問をすると一番に挙手をし、指名されれば答えられるのですが、疑問に思うことや分からないことを聞き流すことができず、「それってどういう意味ですか？」「先生の教え方では分かりません」といちいち声に出してしまいます。ちえみ先生は、そうしたしげるくんの言動に困っており、無視したり事細かに注意を与えたりしました。しげるくんがクラスメイトに注意をすると、「それは先生の仕事です」と制止し、授業中の勝手な発言（不規則発言）には「あなた以外は誰もそんなことを気にしていません」「質問は後で受けつけます」と聞き流しました。

　時には迷惑がられることがありながらも、クラスメイトに頼られていたしげるくんが、授業中に注意を受けるたび、みんなは心を痛めていました。実は、授業中の勝手な発言の多くは、クラスメイトが休み時間や登下校の時間に口にしていた疑問や不満で、しげるくんがある種の正義感からクラスを代表して口にしていたものでした。そのため、ちえみ先生がしげるくんに厳しい叱責を与えるたびに、クラス中が自分が叱られているような怒りや哀しみに包まれ、ちえみ先生から心が離れていってしまいました。クラスメイトのなかには、自分では直接訴えられない不安や不満を、意図的にしげるくんに聞こえるように話しておき、代わりに言わせるよう仕向ける児童も出てきました。

　ちえみ先生の目には、クラスのリーダー的な存在のしげるくんの言動が周囲の児童に悪い影響を与えていて、しげるくんにつられて勝手な発言をしたり、自分の言葉が子どもたちに届きにくくなったりしているように見えていました。「しげるくんの言動さえコントロールできれば、クラス全体も落ち着く」と考えていましたが、なかなか思うようにいきませんでした。ご両親にも頻繁に連絡を入れて言い聞かせてもらいましたが、あまり効果はありませんでした。ちえみ先生がしげるくんに対する注意の回数を増やしたり、叱責の口調が強くなったりする背景には、そうした焦りがあり、それが結果としてますますクラス中の児童が不安や不満を募らせる原因となるという悪循環に陥ってしまいました。また、ちえみ先生は「教師からの指示を待つのではなく、自ら考え行動する児童に育てたい」という教育的な信念を抱いており、明確な指示や説明を与えるのではなく、子どもたちが話し合って解決策を出すよう促していました。

● 社会性の発達の質的な障害

　学校の規則やルール、独自の正義感に厳格で、それを周囲にも強制するという行動から見立てられます。

● 多動性・衝動性

　授業中の勝手な発言、疑問や不明な点などを聞き流すことができずにいちいち口に出してしまうという行動から見立てられます。

● コミュニケーションの発達の質的な障害

　ごっこ遊びで「助けてくれ」と「笑顔で」友だちから呼ばれた際、敵役を本気でやっつけてしまったという行動から見立てられます。

2　育ちの軌跡を知る

● 担任の先生の厳しさ

　ちえみ先生には「自ら考えて行動する児童に育てたい」という確固とした教育観がありました。一方で、しげるくんのように予想を超えた自律性を発揮する子どもに対して、行動を制止すべきか奨励すべきかというジレンマに陥ってしまい、深く悩んでいました。そして、このままでは学級が崩壊してしまうのではないかという焦りや不安が大きくなり、ルールをより厳格に守らせる姿勢を取っていました。

● クラスメイトとの関係性

　しげるくんは、独自の正義感から突っ走ってしまうことも多いのですが、誰かが困っているとすぐに助け船を出し、また大人相手でも堂々と自分の意見や疑問を口にできるので、頼りにされる存在でした。全てが悪意ではないかもしれませんが、しげるくんの言動の特徴を理解しているクラスメイトは、自分の不安や不満をしげるくんの口から言わせるように仕向けてしまいます。叱られるのが怖くてちえみ先生には直接言えない不満等をしげるくんの耳に入れておいて、自分の代わりに言ってもらうという暗黙のルールがクラスには行きわたっていましたが、しげるくんは特性もあって、そうした空気に気づいていないため、なぜいつも自分ばかり叱られるのかが分かりません。自分の言動の善し悪しの判断基準を、ちえみ先生ではなくクラスメイトの反応に置いているしげるくんは、感謝を伝えられたり「○○してほしい」と明確に伝えられたりすると、意図的でなくともクラスメイトにうまく動かされてしまいがちです。

3　信念体系と行動様式の歪みの連鎖をとらえる

● 不規則発言を繰り返す

　小学校低学年の頃から、しげるくんには自閉症スペクトラム障害（ASD）と注意欠如・多動性障害（ADHD）の特性が強いことが専門機関で指摘されていました。

　ルールやルーティンに固執してしまったり、自分を客観的に俯瞰することが困難だったり、友だちが笑いながら口にした「助けてくれ」の意味を誤解したりするのは、ASD特性の現れと考えられます。また、相手や場面に関係なく思いついたことを口にしてしまうこと、言わずにはいられないことも、ADHD特性の範囲としてとらえられるものでした。

　ちえみ先生は、しげるくんの言動がそうした特性に基づくものであるということを理解はしているのですが、学級の秩序が乱れてしまう原因であるため、実際にはつい注意や叱責を与えてしまいがちでした。しげるくんからす

れば、自分が正しいと思い込んでいることを否定されたり、自分ではコントロールしがたい多動性・衝動性を責められたりすることが続くので、**「いつも自分ばかり叱られる」「ちえみ先生は自分のことが嫌いに違いない」**という想いが募り、やがては確信に変わっていきます。さらにご両親にまで責められることが続くと、「自分には味方がいない」と追い詰められてしまい、場合によっては余計に意固地な態度を示すことにもなります。しげるくん自身が言葉になっていない意図や気持ちを察することが難しいので、ちえみ先生にも「はっきり言わないと伝わらないのでは」と勘違いし、よりいっそう不規則発言が増えてしまう悪循環も生じます。

　また、授業中にしげるくんが差し挟む言葉が自分の発言の揚げ足を取っているように感じられてしまうと、ちえみ先生もいら立ちや無力感を刺激されます。そうなると妄想−分裂ポジション[1]の心的状態に陥り、余計に小言が増えてしまいます。ちえみ先生に限らず教職員も人間なので、感情的になることがあるのは当然で、子どもも教職員もお互いに「相手が悪い」と思い込みがちになってしまいます。

1
妄想−分裂ポジ
ション：p.14

●二重のメッセージのジレンマ

　ASD 特性の 1 つに、ゴールまでの手順や道筋が曖昧だったり、白紙の状態から「自分で考える」よう促されたりする作業に取り組むことに困難が伴うという点があげられます。そのため、ある程度の意図的な誘導を行わずに完全に判断を任せてしまうと、ASD 特有の思い込みや、文脈から外れた独創的なアイデアによって、予想もしない方向に流れてしまうことになります。しげるくんのように発言力や影響力の強い児童が起点となり、クラス全体が担任の狙いや期待とかけ離れた動きをしてしまう場合も少なくありません。

　しかし、ちえみ先生は「自ら考えて行動する児童」を理想の子ども像としているので、言葉では「何が正しいかを自分で考える」「正しいと思ったことを実行すればよい」というメッセージを、学級内のさまざまな場面で伝えています。その一方で、しげるくんが自分なりに正しいと思ったことを実行に移すと、「それはダメです」と制止することが繰り返されるので、しげる

くんは「じゃあ、いったいどうしたらいいんだ？」と戸惑い、理不尽なことで叱られ続けているように感じやすくなってしまいます。実はしげるくんのほうも、ちえみ先生から「いちいち注意されている」ように体験されていたのです。「やれ」と言われたことをやると「やるな」と言われるジレンマにしげるくんは対応できず、結局、しげるくんはちえみ先生に対する不信感を強めてしまいました。そうなると、特性から生ずる理解の困難さだけでなく、仕返しのような想いから、ますますちえみ先生の言動に対して揚げ足を取ることも避けられなくなってきます。

4　子どもとの関係を築く

● 共感をベースとした信頼関係を築く

　筆者の相談では、ちえみ先生になかなか理解してもらえず、自分が嫌われていると確信しているしげるくんの不安や不満に耳を傾け続けました。しげるくんの言動の是非について言葉にすることはできるだけ避けて、「また叱られた」ことに伴う悔しさや腹立たしさなどに共感していきました。

● 言語化を促し、情緒体験の輪郭を描いていく

　そもそもしげるくんがどういう意図や想いから発した言動だったのかを言語化するよう促し、改めて確認しました[2]。それを繰り返していくなかで、いつも叱られるのは「自分が嫌われているからだ」という思い込みを共有し、時には「いつも意地悪されているから、ちえみ先生に仕返ししたい」という気持ちがあることも確認できました。

　そのうえで、仕返しではなく、自分の考えや気持ちを正しく伝える方法について一緒に考えた結果、思いつきをそのまま授業中に口に出すのではなく、思いついたらメモを取っておいて、休み時間にちえみ先生に渡すなどのアイデアが出てきました。

2
言葉にできない情緒体験をとらえて、言語化してその体験の輪郭を描いていく：p.67

第**3**章　行動−情緒の問題を解決する10事例

● 言動の背景を翻訳し特性の理解を促す

　しげるくんのご両親は、しげるくんの特性について十分に理解はしていたものの、揚げ足を取るような言動には手を焼いていました。4年生になってから急に学校からの連絡が増えたことで心配が大きくなってしまい、しげるくんを叱責する回数も増えてしまいました。そのため、しげるくんはご両親に対する不信感や反抗心を抱き始めている様子が見られました。

　そこで筆者とご両親との相談のなかでは、一見反抗的に見えるしげるくんの学校での言動にどのような意図や意味があるのか翻訳していきました[3]。ご両親はしげるくんが戸惑っていることや困っていることにだんだんと理解を示し、叱る回数も減っていきました。

3
保護者の障害認識・障害受容の程度を理解する：p.72

● 学校との情報共有や意見交換を促す

　毎日のように「しげるくんが〇〇できていない」と連絡を受けることにご両親が苦痛を覚え始めていたことから、しげるくんの学校での様子はその都度ではなく、定期的に連絡することにしました。情報や意見を交換する場に筆者も同席し、しげるくんの言動の背景を共有することで、具体的な対応について検討することにつながり、ご両親も学校も安心して支援を行うことができました。

6 支援する

● 担任の先生の支援体制

　ちえみ先生は、同学年を受け持つ教職員や特別支援教育コーディネーターに、定期的に相談する機会を設け、また指導に困ったら連絡するようにしました。

　不安や不満をいったん吐き出すことによって気持ちの余裕を取り戻すのと同時に、自身の学級経営のあり方やしげるくんの特性を踏まえた具体的な支援について見直しをしていきました。

● **特性に合わせた学級経営と具体的な支援の見直し**

「児童の自主性や自律性を育てたい」というちえみ先生の教育観を尊重しつつも、まずは選択肢を設けたり、考える材料やヒントを与えたり、手順や道筋を示したりすること、クラスで授業中や学校生活でのルールを再度確認したり、視覚的な補助を用いて指示や説明を明確にしたりすることの重要性を再確認しました。また、不安や不満をしげるくんに言わせるのではなく、ちえみ先生に直接伝えられるように、クラスの全員と『一言日記』を始めたり、帰りの会で日直の児童が報告する際に「何でも話せる」時間を設けたりと、学級経営における新たな取り組みを始めました。

それらと合わせて、しげるくんへの叱責を意識的に減らし、褒める回数を増やしました。しげるくん本人の言動は大きくは変わりませんでしたが、これを通じてちえみ先生とクラスの子どもたちとの心の距離は少しずつ近づいていき、お互いの笑顔が増えていきました。

第**3**章

行動‐情緒の問題を解決する10事例

授業中もお絵描きがやめられない子ども

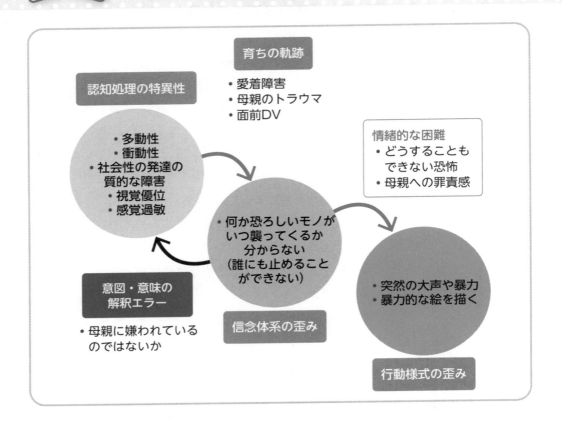

育ちの軌跡
・愛着障害
・母親のトラウマ
・面前DV

認知処理の特異性
・多動性
・衝動性
・社会性の発達の質的な障害
・視覚優位
・感覚過敏

情緒的な困難
・どうすることもできない恐怖
・母親への罪責感

・何か恐ろしいモノがいつ襲ってくるか分からない（誰にも止めることができない）

意図・意味の解釈エラー
・母親に嫌われているのではないか

信念体系の歪み

・突然の大声や暴力
・暴力的な絵を描く

行動様式の歪み

事例概要

　たつやくんは小学5年生です。医療機関で「自閉症スペクトラム障害（ASD）と注意欠如・多動性障害（ADHD）の混合したタイプ」という診断がされており、多動性・衝動性を抑えるための服薬が続けられていました。気分屋で、突然大声をあげたりクラスメイトに暴力をふるったりします。何がきっかけでそうなるのか、担任の先生もクラスメイトも本人でさえも分からないことが多く、周囲は恐る恐る話しかけますが、実際のところ、どのようにたつやくんに接すればよいのか戸惑っています。

　学習に対する意欲も低く、授業中は自分の席に座ってはいますが、担任の先生の話はほとんど聞いておらず、時折、クラスメイトの発言の揚げ足を取ったり、女性の先生に「近寄んな！　くせえんだよ！」と文句を言ったりします。教科書を開くことも板書をノートにとることもありません。授業時間のほとんどは、自分のノートに絵を

描いており、描き終わるとページを破いて、近くの席のクラスメイトに「やるよ」と言って押しつけますが、描かれた絵は血みどろの死体や化け物、暴力的な場面の描写で占められている恐ろしい絵ばかりでした。担任の先生も「描いた絵を人に押しつけない！」「そんな絵を受け取ってはダメ！」と本人や周囲の子どもに注意しているのですが、受け取らないとたつやくんがキレて暴れ出すのではないかとクラスメイトはいつも不安で困っています。担任の先生が見つけて注意すると、たつやくんは苦労して描いた絵なのに、グシャグシャに丸めて机の中に放り込んでしまいます。

　たつやくんのお母さんは離婚した後、一人で働きながら子育てをしていて、なかなか学校からの連絡がつかず、協力体制を作ることが難しい状況が続いていました。たまたま連絡が取れた際にたつやくんのことを伝えても「あぁ、そうですか…。勉強なんかしなくてもいいので放っておいてください」と、素っ気ない反応しか得られません。たつやくんには中学生のお姉さんもいるのですが、2人とも朝食をとっていないことが多く、いつも同じ服装でした。

　対応に苦慮していた学校からの依頼で授業参観をしていた筆者は、たつやくんの様子を見ていて、あることに気づきました。それは、たつやくんの描画の様子が、描きたくて描いているというよりも「描かずにはいられない」というような必死さを伴った、どこか苦しげな表情と、せわしない首振りや見開かれた目、何かを振り払ったり何かから逃れようとしたりするような動きを伴っていたことでした。

　ちょうど描き終わった絵をクラスメイトに押しつけようとしている際に、筆者が「なかなか迫力のある絵だねぇ…。ちょっと見せて」と肯定的な関心を示しつつ、その絵を受け取ってみました。なかなか受け取らないクラスメイトにいら立っていたたつやくんでしたが、筆者が受け取ると、どこかホッとしたような安堵の表情を示しました。そして、「これもあるよ」と数枚の絵を差し出しました。確かにグロテスクな絵がほとんどで、そのうえ、かなり描画力もあるためリアルでした。そのなかの1枚に、大きな目玉に手足と羽の生えた化け物がいて、何かと尋ねると「オレのオリジナル！」と自慢げに口にしました。

第3章　行動－情緒の問題を解決する10事例

1 認知処理の特異性を知る

● 多動性・衝動性

気分屋で突然大声をあげたり、クラスメイトに暴力をふるったりするという行動[1] から見立てられます。

1
じっとしている
ことが難しい：
p.40

● 社会性の発達の質的な障害

クラスメイトが嫌がったり怯えたりしていることに気づかず、恐ろしい絵を押しつけるという行動から見立てられます。

● 視覚優位の認知処理スタイル

繰り返し目にしていたと思われる暴力的な場面が描画に再現され続けるという点から見立てられます。

2 育ちの軌跡を知る

● 母親の心的外傷後ストレス障害（PTSD：Post Traumatic Stress Disorder）

お母さんはひとり親として中学生のお姉さんとたつやくんの子育てをしていたのですが、抑うつの症状で通院と療養を中心にした生活を送っていました。まだ幼かったたつやくんは覚えていないようでしたが、お父さんからお母さんへの激しい家庭内暴力（DV：Domestic Violence）があり、それが離婚の原因ということでした。

お母さんはたつやくんとお姉さんを連れてシェルターに一時避難した後、ようやくお父さんと離れることができたようですが、その頃のトラウマからPTSD を抱えるようになりました。

● 愛着障害

2
「愛着」とは：
p.23

食事や服装といった日常的な養護がなされていない状況や、DV による両親の離婚等から「愛着障害[2] の可能性がある」ことが指摘されていました。

● 面前での DV

お母さんの記憶は曖昧でしたが、幼い頃のたつやくんは夫婦間の DV 場面を繰り返し目にしていたようでした。

 ## 3　信念体系と行動様式の歪みの連鎖をとらえる

● 突然大声をあげたり暴力をふるったりする

衝動的に声をあげたり手足を出したりしてしまう点は、ADHD 特性によるものだとも考えられますが、服薬を続けていても期待される効果が得られていないことを考慮すると、たつやくんの暴力性は幼児期のトラウマ体験との関連が深そうでした。

ADHD の問題と愛着形成の問題との線引きは難しい[3]ところですが、刺激に反応しやすい生来的な体質に加えて、自分ではどうすることもできない恐ろしい状況にさらされ続けたことで、目や耳に入るわずかな刺激が恐怖を喚起しやすい心理状態を生んでいたことが予想されます。机間巡視をする先生の香水に「くせえ」と反応していたことを加味すると、感覚過敏があったことも考えられます。周囲を脅かしているように見えますが、実際には刺激過剰で興奮しやすい体質から生ずる恐怖がたつやくん自身を常に脅かしていたのかもしれません。同時に、「やられる前にやってやる！」といった妄想－分裂ポジション[4]の心的状態に陥っていたものと考えられます。

● 授業中に暴力的な絵を描く

授業参観で筆者が目にした「描かずにはいられない」必死さと、それを誰かに押しつけずにはいられない様子は、私にもよくある、怖いもの見たさで見てしまった恐怖映画やオバケ屋敷での体験を、誰彼構わず手当たり次第に「話さずにはいられない」様子と等質のものだと考えられます。

つまり、ASD 特性の 1 つとして視覚優位の認知処理スタイルがあり、見たモノや場面を取りいれやすい体質であったため、目の奥＝記憶の深いところに刻まれた恐ろしい記憶が残りやすいということが想定されます。その恐

3
発達障害と愛着形成が交差する困難：p.28

4
妄想－分裂ポジション：p.14

第3章　行動－情緒の問題を解決する10事例

ろしい記憶体験を自分では抱え整えることができないため、描画という形で漏れ出ている（吐き出している）可能性があります。視覚的に取り込んでしまった記憶を言葉によって意味づけたり表現したりして消化することができず、写真のように恐怖場面だけがストックされた状態になります。同時に、時間の経過とともに良い−悪いの区別なく記憶が色褪せないまま保持され続けることは、ASD 特性としても PTSD としても起こり得ます。

　妄想−分裂ポジションの心的状態において、<u>心のなかに溜まった毒を必死に掻き出し（描き出し）排除することで、心の平穏を死守しようとしている</u>のが、たつやくんの描画の意味だと考えられます。

● 抱え整えてもらうことへの期待

　たつやくんの描いた「目玉の化け物」はほかの絵と違って、どこかユーモラスな雰囲気がありました。筆者には、恐怖を受けとめ、見張る（見守る）存在が現れることへの期待を暗示しているように感じられました。

　おそらく最もその役割を期待されているのはお母さんですが、残念ながらお母さん自身が PTSD の症状を抱えており、通院や療養が必要な状態であるため、たつやくんのケアをする余裕はありません。たつやくんに愛着障害の可能性が指摘されていることから考えても、乳幼児期に重要な情緒応答性や抱え整える力を得る[5] チャンスが限られてしまったと考えられます。DV

5
自分で自分の情緒を抱え整える力の育ち：p.20

とそれに伴う圧倒的な恐怖体験は、誰であっても抱え整えることが難しいものなので、たつやくんはなおさら「恐怖をコントロールしてくれる大人が存在すると知る」「恐怖をコントロールできたという成功体験を積む」機会が乏しかったことが予測されます。

　さらに、DVを目撃してきた子どもの典型的な体験として、「大切なお母さんを守れなかった」という無力感や絶望感を抱くことがあり、たつやくんも、療養の必要なお母さんに対する不条理な罪責感を抱いていた可能性があります。たつやくんに対するお母さんの素っ気ない態度は、抑うつ状態にあって子育てに向けるエネルギーが湧かないからだと大人は理解できますが、たつやくん本人からすれば、暴力から守ってあげられなかった自分に対する報復だととらえたり、嫌われているのではないかと不安を抱いたりする状態になっていた可能性があります。

　一方、お母さんは、成長するにつれて容姿がお父さんに似てくるたつやくんに恐怖を覚えて、たつやくんから距離を取っていたという可能性も考えられます。

4　子どもとの関係を築く

● 安心感・安全感をベースとした信頼関係の構築

　虐待やトラウマが想定される事例において、直接学校が支援できる範囲は限られます。この事例において、まずできそうなことは、たつやくんの描画に漏れ出る恐怖を誰か（大人）が「引き受ける」こと[6] です。描いた画をクラスメイトに押しつけることは、二次的なトラウマの発生を防ぐためにもやめさせることが必要ですが、たつやくんの描画の意味を考えると、適切な時に適切な場所で抱え整えられる経験が必要です。描画の意味をたつやくん本人に言語化させることは、フラッシュバックを招きかねないので控えるべきですが、描画の形で不安や恐怖を吐き出すことをやめてしまうと、行き場を失ったネガティブな感情が暴言や暴力としてより激しく表出されるリスクもあります。描画の形でコミュニケーションが可能であるという点をたつやくんの強みとして認めていくことが大切です。

6
共感的で応答的な「誰か」の存在：p.21

● 情緒的な体験の輪郭を描いていく

　先にも記しましたが、学校や学級で不用意にトラウマを扱うことはリスクを伴います。しかし、描画に塗り込められた恐怖や理不尽な仕打ちへの怒りなどは、「描画への感想」として「こんな恐ろしい怪物が出てきたら、大人の先生でも太刀打ちできないだろうなあ」「こんな仕打ちを受けたら、誰でもとても耐えられないだろうなあ」などと言語化する[7]ことは可能です。決して先走りせずに、たつやくんの表現したものだけを扱っていく忍耐強さが求められます。

7
言葉にできない
情緒体験をとら
えて、言語化し
てその体験の輪
郭 を 描 い て い
く：p.67

5　家族との関係を築く

● 支援のネットワークを形成する

　たつやくんのお母さんには、まず自身の心身をケアすることが優先され、現状以上の負荷をかけることは避けるべきだと考えられます。そのため、医療、福祉、保健領域の専門家とのチームを結成して、家族を丸ごと支援していく姿勢が求められます。

● 今取り組むべき支援について共有する

　お母さんにはたらきかけてもらうのではなく、たつやくんに対して、学校でどのような方向性で支援を進めていくことを考えているのかについて共有しておくことが重要です。将来を見据えて、身につけておきたい資質や能力についても改めて確認しておくことも重要で、中長期的な見通しを共有することが、お母さんの安心へとつながります。

6　支援する

● 学内外の資源の積極的な活用

　校内では、筆者の参観後、教職員と理解を深めた後に、「通級による指導」を導入する方針を決めました。ここでは、感情コントロールのためのSSTや学習の実態および認知処理の特異性の把握を行い、たつやくんの強みを活

かした学習スタイルをカスタマイズすることを目指しました。同時に、スクールカウンセラーのカウンセリングを活用して、たつやくんの心的なケアを行いました。さらには、外部専門家として母子双方の主治医や福祉機関との連携を進めて支援体制を整えていきました。

● 母子の PTSD に対するケア

　PTSD に対するケアには高い専門性と長い時間が必要で、服薬やカウンセリングを継続しても、たつやくんの暴力的な描画はすぐにはなくなりませんでした。ただ、自由に想いを語れる場所や相手が増えたことで、絵だけでなく言葉で恐怖等の情緒を語れるようになっていきました。また、年単位の時間はかかりましたが、得意な教科や興味のある単元については、授業中に取り組む学習意欲が見られるようになりました。

● 地域コミュニティとのつながり

　たつやくんは身体を動かすことが好きでスポーツが得意だったため、地域のスポーツ少年団でバスケットボールに取り組みました。特にコーチの男性がたつやくんに目をかけ、熱心に指導してくれました。暴力をふるうお父さんとは違った、健全な大人の男性と接するなかで、たつやくんは憧れの男性像を見つけることができました。

おわりに

　この書籍の企画を提案いただいたのは、コロナ禍の只中にあった2021年の終わり頃でした。大学も街も全面的にロックダウンとなり、これまで経験したことのないオンライン授業やソーシャル・ディスタンスなど、他者とのつながりが希薄で見えにくくなり、数か月先も見通せない不安が世の中を覆っている状況でした。

　筆者の中心的な仕事である、教育相談やカウンセリングで出会う子どもたちやご家族とのつながりは辛うじて保っていましたが、興味深いことに他者との密なつながりに物理的な距離ができると、発達障害のある子どもたちはむしろ落ち着いて過ごせることが増えていきました。ポジティブな意味でもネガティブな意味でも、人と人とのつながりは、これほどまでに心を揺り動かすものなのだなぁと考えさせられました。

　そして、たいへん個人的なことではありますが、2022年には生命にかかわる大病を経験したことで、自分自身もいかに他者とのつながりによって支えられているのかを痛感させられました。時にはヒトを傷つけることもあり、また時にはヒトを救うこともある誰かとのつながりを大事に育むことが、障害の有無に関係なく重要なのだと実感しています。

　発達障害のもたらす学びにくさや生活しにくさは、特に他者との良いつながりを形成し維持することを難しくしてしまいますが、今現在、医療、保健、福祉、教育等の現場には、たくさんの支援者がいて、発達障害のある子どもたちの良いつながりを広げるべく、日々奮闘しています。本書がそうした支援に携わるみなさまのお役に立つことを願って、本書を閉じたいと思います。お読みいただき、ありがとうございました。

　なお、本書の完成までにご支援いただいた下記のみなさまに深く感謝を申し上げます。

　まず、公益社団法人発達協会さまには、連載した事例の使用をお許しいただきました。

　次に、中央法規出版の矢﨑淳美さんには、遅々として原稿が進まない筆者を忍耐強く寛大な心でサポートしていただきました。稚拙な原稿に的確な指摘や示唆もいただき、新たな気づきを得ることも多々ありました。本当に感謝の言葉が尽きません。

　そして、365日ほとんど休日のない筆者と二人三脚でいつも伴走してくれている家族に多謝です。

　最後に、一人ひとりのお名前をあげることはできませんが、これまで出会ってきた、たくさんの子どもたち、ご家族、教職員のみなさまが、日々心地良く過ごせていることを願って、最大級の感謝と共に本書を捧げたいと思います。

植木田　潤

著者紹介

植木田 潤
（うえきだ・じゅん）

宮城教育大学大学院教育学研究科教授。臨床心理士、公認心理師、特別支援教育士スーパーバイザー。
専門は障害児教育学（発達障害）。年間約40校の小中学校の教員や約10か所の児童館の支援者に対して巡回相談、専門家チームによる支援、事例検討会などを行っている。元独立行政法人国立特別支援教育総合研究所教育相談部心理療法士および研究員。
著書に『学校臨床に役立つ精神分析』（誠信書房、2016（分担執筆））、『精神分析から見た成人の自閉スペクトラム　中核群から多様な拡がりへ』（誠信書房、2016（分担執筆））、『特別支援教育への招待』（教育出版、2019（分担執筆））など。

「共感」からはじめる　発達障害のある子どもの支援

教室における行動−情緒の問題を解決する６つのステップ

2023年9月1日　発行

著　　　者　　植木田 潤
発 行 者　　荘村 明彦
発 行 所　　中央法規出版株式会社
　　　　　　〒110-0016　東京都台東区台東 3-29-1　中央法規ビル
　　　　　　Tel 03-6387-3196
　　　　　　https://www.chuohoki.co.jp/

装幀・本文デザイン　　澤田かおり（トシキ・ファーブル）
イラスト　　　　　　　あべまれこ
印刷・製本　　　　　　株式会社太洋社

本書の内容に関するご質問については、下記 URL から「お問い合わせフォーム」にご入力いただきますようお願いいたします。
https://www.chuohoki.co.jp/contact/